기독교문서선교회 (Christian Literature Center: 약칭 CLC)는 1941년 영국 콜체스터에서 켄 아담스에 의해 시작되었으며 국제 본부는 미국 필라델피아에 있습니다.
국제 CLC는 59개 나라에서 180개의 본부를 두고, 약 650여 명의 선교사들이 이동 도서차량 40대를 이용하여 문서 보급에 힘쓰고 있으며 이메일 주문을 통해 130여 국으로 책을 공급하고 있습니다. 한국 CLC는 청교도적 복음주의 신학과 신앙 서적을 출판하는 문서선교기관으로서, 한 영혼이라도 구원되길 소망하면서 주님이 오시는 그날까지 최선을 다할 것입니다.

목회자가 쓴 목회학

Pastoral Theology written by Pastor

Written by KeunHo Kang

All rights reserved.

Korean Edition Copyright ⓒ 2019 by Christian Literature Center, Seoul, Korea

목회자가 쓴 목회학

2019년 5월 10일 초판 발행

지은이	강근호
편집	곽진수, 정재원
디자인	전지혜
펴낸곳	(사)기독교문서선교회
등록	제16-25호(1980.1.18)
주소	서울특별시 서초구 방배로 68
전화	02-586-8761~3(본사) 031-942-8761(영업부)
팩스	02-523-0131(본사) 031-942-8763(영업부)
이메일	clckor@gmail.com
홈페이지	www.clcbook.com
송금계좌	기업은행 073-000308-04-020 (사)기독교문서선교회

ISBN 978-89-341-1964-7 (93230)

이 도서의 국립중앙도서관 출판예정도서목록(CIP)은 서지정보유통지원시스템 홈페이지(http://seoji.nl.go.kr) 와 국가자료공동목록시스템(http://www.nl.go.kr/kolisnet)에서 이용하실 수 있습니다. (CIP제어번호: CIP2019011375)

이 책의 저작권은 저자와 (사)기독교문서선교회가 소유합니다. 신저작권법에 의하여 한국 내에서 보호받는 저작물이므로 무단 전재와 무단 복제를 금합니다.

목회자가 쓴
목회학

강근호 지음

CLC

목차

≈ 저자 서문　　　　　　　　　　　　　　　　　6

제1부	서론	10
제1장	목회의 의미	11
제2장	목회로의 소명	17
제3장	목회자의 조건	23
제4장	목회자의 의무	33
제5장	목회자의 마음 자세	38
제6장	목회자의 신학과 목회 철학	42

제2부	목회자의 직무	52
제1장	설교와 가르침	54
제2장	예배의 집례	69
제3장	각종 집회 및 행사	98
제4장	심방과 상담	120
제5장	교회의 보존	132
제6장	교회 운영	146

제3부	**목회자의 생활**	**168**
제1장	목회자의 건강 관리	169
제2장	목회자의 언어 생활	175
제3장	목회자의 가정 생활	179
제4장	목회자의 사회 생활	185
제5장	목회자의 금기	188
제6장	목회의 방해자	194

제4부	**미래 목회에 대한 전망**	**200**
제1장	미래 사회의 특징	201
제2장	미래 교회의 모습	206
제3장	미래 목회 대안	209
제4장	마지막 소망	213

≈ 참고 문헌　　　　　　　　　　　　　　　　217

저자 서문

강근호 목사
군산 밀알교회 담임

　어떤 목사님이 새 교회에 부임하였는데 가장 마음에 안 드는 것 중의 하나가 예배당에 있는 피아노의 위치였다. 예배당의 구조로 봐서 꼭 오른쪽에 있어야 할 피아노가 왼쪽에 있었던 것이다. 그러나 당회와 신자들의 반대 때문에 그 피아노를 마음대로 옮길 수가 없었다. 그래서 목사님은 아무도 눈치를 채지 못하도록 하루에 1센티씩 피아노를 오른쪽으로 옮겨서 결국 3년 만에 그 일을 마쳤다고 한다. 목회자들이 소신대로 목회를 하지 못하는 형편을 말하기 위하여 누군가 지어낸 이야기이다.

　필자는 아주 작은 농촌교회의 담임전도사로 목회를 시작했다. 그 후 도시교회의 부목사로 잠시 사역하였으며 다음에는 교회를 개척하고 현재까지 30년 이상을 한 교회에서 계속 목회하고 있다. 부목사로 일하던 기간을 빼고는 목회의 문제로 누구의 눈치를 보거나, 하고 싶은 일에 제약을 받은 적이 거의 없다. 모든 것을 필자의 의도대로 할 수 있도록 목회현장의 상황과 여건이 뒷받침되었기 때문이다.

교회를 개척한 후의 목회는 계속적인 실험의 연속이었다. 이렇게도 해보고 저렇게도 해보고, 예배의 방식이나 교회 운영에 대하여 마음껏 다양한 시도를 해 보았다. 이렇게 하는 중에는 물론 시행착오도 있었지만 잘못된 것은 속히 교정할 수도 있었다. 그렇다고 해서 모든 것을 가볍게 판단하고 경솔하게 결정했다는 말은 아니다. 현재 교회의 모든 제도나 운영방법은 목회현장에서 필자가 나름대로 고민하고 연구하고 실험했던 결과물이라고 할 수 있다.

이 책은 목회의 이론보다는 실제를 다룬 책이다. 이 책의 내용들은 목회현장에서 바로 응용하고 적용할 수 있기 때문에 현재 목회를 하고 있는 목회자는 물론 앞으로 목회를 계획하고 있는 목회준비생에게도 도움이 되리라고 믿는다. 이 책의 어떤 부분에 대해서는 필자와 견해를 달리할 독자도 있겠지만 그 부분에 너무 집착하지 말고 그냥 참고로 했으면 좋겠다. 필자의 생각은 물론 독자들의 생각도 여러 생각들 중의 하나이기 때문이다.

목회에는 성공도 없고 실패도 없다. 목회자로서 각자가 받은 독특한 사명이 있으며 각자가 처한 목회적 상황도 다르다. 그래서 객관적으로 무엇이 목회의 성공이라고 말하기는 대단히 어렵다. 또 목회에는 정답도 없다. 각자 성경이 허락하는 범위 안에서 자신의 목회에 적합한 방법을 선택하여 사용하면 된다. 우리의 목회에 대한 최종적인 평가는 장차 목자장이 되시는 예수님께서 하실 일이다.

목회를 마무리하면서 이 책을 낼 수 있게 해주신 하나님께 감사를 드린다. 이 책이 과연 필요할까 망설였지만 여러 동역자들의 격려로 용기를 얻었다. 졸작을 기꺼이 예쁜 책으로 출판해 주신 기독교문서선교회(CLC) 박영호 목사님과 관계자들에게 심심한 감사를 드린다. 그리고 나를 낳아서 길러주었으며 또 부족한 나로 하여금 한 시대, 교회의 한 모퉁이를 담당하여 일하게 해준 사랑하는 한국교회에 이 책을 바친다.

제1부

서론

제1장　목회의 의미
제2장　목회로의 소명
제3장　목회자의 조건
제4장　목회자의 의무
제5장　목회자의 마음 자세
제6장　목회자의 신학과 목회 철학

제1부

서론

　서론에서는 목회에 대한 일반적인 문제들을 다룬다. 목회란 무엇이며, 목회자는 어떻게 부름을 받으며, 또 어떤 조건을 충족해야 하는가, 그리고 목회자에게 가장 우선적인 일은 무엇이며, 목회자는 어떤 마음을 가지고 목회에 임해야 하는가 등을 언급한다.

　또한 목회자의 목회 방향을 암시하고 인도하는 목회 지침, 혹은 목회 철학에 대하여 예를 들어 제시한다.

제1장

목회의 의미

'목회'(牧會, pastoring)라는 용어가 사용된 것은 종교개혁 이후부터이다. 목회란 영혼을 돌보는 일 혹은 회중을 양육한다는 의미이며 교회를 맡아 예배를 인도하고 설교를 하거나 신자의 신앙생활을 지도하는 등 목회자가 교회를 대상으로 공식적으로 행하는 모든 활동을 말한다. 가장 먼저 목회자로 부름을 받은 사람은 베드로이며 예수님께서는 그에게 목회를 위임하셨다.

> 그들이 조반 먹은 후에 예수께서 시몬 베드로에게 이르시되 요한의 아들 시몬아 네가 이 사람들보다 나를 더 사랑하느냐 하시니 이르되 주님 그러하나이다 내가 주님을 사랑하는 줄 주님께서 아시나이다 이르시되 내 어린 양을 먹이라 하시고 또 두 번째 이르시되 요한의 아들 시몬아 네가 나를 사랑하느냐 하시니 이르되 주님 그러하나이다 내가 주님을 사랑하는 줄 주님께서 아시나이다 이르시되 내 양을

치라 하시고(요 21:15-16).

이 말씀 가운데는 두 가지 중요한 내용이 포함되어 있는데 하나는 목회의 대상에 대한 말씀이고 다른 하나는 목회 행위에 대한 말씀이다.

1. 목회의 대상

목회의 대상은 '주님'의 양이다. 목회자의 양이 아니라 예수님의 양이라는 말이다. 예수님께서는 "내 양"이라는 말씀을 반복하셨다. 목회자는 주님의 양을 맡아 양육하는 예수님의 대리인이다. 목회자는 언제나 이 사실을 잊지 말아야 한다. 그렇지 않으면 목회자가 신자들을 양육할 때에 예수님께 합당하고 예수님께 도움이 되는 신자가 아니라 목회자 자신에게 합당하고 목회자 자신에게 도움이 되는 신자로 양육하려는 어리석음에 빠지게 된다.

부모가 자녀를 양육할 때에 그들이 '내 것'이라는 잘못된 생각을 하면 자녀들을 주의 교양과 훈계(엡 6:4)가 아니라 자신의 교양과 훈계로 가르치려고 하고, 하나님의 마음에 맞는 사람(행 13:22)이 아니라 내 마음에 맞는 사람으로 만드려고 하게 되는 것과 같다. 이 일에 대하여 바울은 철저한 인식을 가지고 있었다. 바울은 자신의 역할을 신자들에게 정결한 처녀로 한 남편인 그리스도에게 드리려고 '중매'를 하는 것이라고 했다(고후 11:2).

목회자가 하나님과 신자 사이에서 군림하지 않고 하나님과 신자를 더욱 가깝게 만들어 가는 중매쟁이 역할을 한다면 그는 과연 제자리에 있는 목회자라고 하겠다. 목회자는 초지일관 이와 같이 겸손하고 순수한 마음으로 목회를 감당해야 하며 절대로 신자들이 자기의 양인 것처럼 행세해서는 안 된다. 목회자는 주님의 양을 맡은 자이다.

2. 목회의 행위

예수님은 "양을 먹이라," "양을 치라"고 말씀하셨다. '먹이라'는 말과 '치라'는 말은 대략 같은 의미의 말씀이지만 굳이 구분한다면, 먹인다는 말이 말씀의 양식을 공급하는 일에 목회의 중점을 두었다면, 친다는 말은 먹일 뿐만 아니라 또 양육하며 보호하고 인도하는 일까지 포함한다고 볼 수 있다.

목회란 회중에게 말씀의 양식을 공급하는 일을 중심으로 회중에게 하나님의 말씀 안에서 계속 성장하도록 양육하는 일이다. 더 나아가서 목회자는 하나님의 양들을 인도하여서 영원한 천국에까지 이르도록 하는 안내자의 역할까지 감당해야 한다. 목회란 회중이 천국에 이를 때까지 말씀으로 먹이고 양육하는 일이다.

1) 성직으로서의 목회

"목회가 특별한 일이냐?"

이렇게 물을 때에 다음의 두 가지 대답을 예상할 수 있다.

첫째, 목회는 다른 직업과 구별되는 성직(聖職)이라는 대답이다.

목회는 다른 모든 세속의 직업과 구별되며 하나님과 직접적으로 연관된 사역이라는 것이다. 다른 직업은 사람의 구원과 직접 관련이 없지만, 목회는 한 영혼을 구원으로 인도해 가는 유일하고 특별한 사역이라는 해석이다.

둘째, 목회도 다른 직업과 같이 여러 직업 가운데 하나라는 것이다.

목회만이 하나님의 소명이 아니라 세상의 모든 일이 다 하나님의 소명이며, 목회만이 성직이 아니라 세상의 모든 일이 다 성직이라는 생각이다. 하나님께서 어떤 사람을 목사로 부르신 것처럼 또 다른 사람을 다른 직으로 부르신다는 주장은 루터의 만인사제설(萬人司祭說)에 기초한 매우 의미 있는 주장이다.

그러나 아무리 그렇다고 해도 목회와 세상의 다른 직업을 동일하게 보는 것은 무리가 있다고 본다. 목회자가 교회에서 설교하고 성경을 가르치는 일과 식당을 경영하는 사람이 손님들에게 음식을 파는 일이 영적으로 같을 수가 없고, 목회자가 교회에서 세례를 베풀고 성찬식을 하는 일과 은행직원이 고객에게 대출을 해주는 일이 영적으로 같은 가치를 지닐 수가 없다.

목회 외에 다른 직업을 무가치하거나 무의미하게 보는 자세도 잘못이지만 그렇다고 해서 이것들을 모두 동일하게 보는 자세도 매우 잘못된 것이라고 본다. 이런 생각은 어떤 의미에서는 하나님의 놀라운 구원의 역사를 폄하하는 것일 수도 있다. 아무튼 세속적인 일도 성직으로 볼 수 있다면 목회는 세상의 모든 일과 구별되는 성직 중의 성직이라고 할 것이다.

2) 목회자의 겸직

목회는 전문적인 일이다. 집중하지 않으면 제대로 감당할 수가 없다. 가정에서 음식을 만들고 설거지를 하고 빨래를 하는 일은 누구나 다 할 수가 있고 또 다른 일을 하면서도 얼마든지 감당할 수 있는 일이다. 그리고 세상에는 실제로 이런 종류의 일들이 많다. 그러나 목회는 그 분야가 너무나 넓고 깊어서 그 일에 매달려 연구하고 노력하지 않으면 제대로 감당할 수 없는 매우 전문적인 일이다.

요즘은 목회적 상황이 열악해지고 복잡해짐에 따라 목회자의 2중직 문제가 강하게 대두되고 있다. 주일은 교회에서 예배를 인도하고 다른 날은 목회와 상관이 없는 일을 하는 목회자들이 늘어나고 있기 때문이다. 교단마다 목회자의 2중직에 대하여 견해가 다르지만 일단 목회자라고 하면 원칙적으로 목회에 전념하는 사람이라고 봐야 할 것이다.

물론 특별한 경우도 있겠지만, 그래도 한 번 목회자로 헌신했으면 먹으나 굶으나, 죽으나 사나 목회자로 살아가야 옳다고 본다. 삶의 모든 문제를 하나님께 맡기고 목회에만 전념할 때에 하나님께서 그의 모든 필요를 채워주시고 돌봐주시리라고 믿는다. 목회하면서 다른 일도 함께하려고 하면 결국 두 가지 일을 다 제대로 하지 못하는 결과를 만나기 쉽다. 목회자로 헌신한 사람은 힘든 환경이 주어질 때마다 다음의 말씀을 깊이 음미하며 목회에 전념해야 할 것이다.

> 내가 네게 명령한 것이 아니냐 강하고 담대하라 두려워하지 말며 놀라지 말라 네가 어디로 가든지 네 하나님 여호와가 너와 함께 하시느니라 하시니(수 10:9).

> 내가 너희에게 분부한 모든 것을 가르쳐 지키게 하라 볼지어다 내가 세상 끝 날까지 너희와 항상 함께 있으리라 하시니라(마 28:20).

제2장

목회로의 소명

목회로의 소명이란 목회자로 부름을 받음을 말한다. 하나님께서는 여러 가지 방법으로 사람들을 목회자로 부르신다. 이러한 하나님의 부르심을 사람을 중심으로 말하자면 '목회자가 된 동기'라고 할 수 있는데, 그 동기는 사람마다 다르겠지만 대략 다음과 같이 분류할 수 있을 것이다.

1. 부모님의 요구

첫째, 부모님의 지시에 따라 목회자가 되는 경우이다.

어렸을 때부터 부모님으로부터 "너는 목사가 되어야 한다"라는 말을 듣고 목회자로 헌신하게 되는 사람들이 있다. 과거에는 매우 열악한 상황에서 목회를 시작하였으며, 신학교에 입학하는 문제도 어렵지 않았다. 그래서 부모가 생각할 때에 좀 부족하거나 공부를 열심히 하지 않고 교회에만 가 있는 자녀에게 "너는 목사나 되라"는 말을 하고 실제로 그렇게 되도록 인도했다고 한다. 믿음이 좋은 부모들은 자녀 중에서 똑똑한 자녀를 골라 그를 목회자로 양육하기를 서원하고, 어렸을 때부터 목회자의 꿈을 가지도록 하며, 장차 목회자로 헌신하도록 격려하기도 했다.

약간 다르기는 하지만 둘 다 부모님을 통하여 목회자가 되었다는 점에서는 동일하다. 이렇게 해서 목회자가 된 사람들이 의외로 많은 것 같다.

2. 목회자를 통한 소명

둘째, 다른 목회자를 통하여 소명을 확인하는 경우이다.

교회에서 담임목사가 성실하고 믿음이 좋은 청년을 신학교에 보내거나, 또 기도원에서 부흥사를 통하여 "당신은 목회를 해야 할 사람"이라는 말을 듣고 목회자가 되는 경우를 말한다.

필자가 잘 아는 어떤 분은 기도원에서 부흥사의 설교를 듣는 중에 부흥사가 그 사람을 앞으로 불러내어 말했다고 한다.

"왜 지금까지 목사가 되지 않았느냐?"

"당신은 꼭 목사가 되어야 할 사람이다."

그래서 이 사람은 즉시 직장을 정리하고 목회자의 길을 선택하여 뒤늦게 목사가 되어 목회를 했다.

담임목사의 추천은 가장 합리적이고 객관적인 하나님의 부르심이라고 볼 수 있다. 담임목사는 영적인 양육자로서 그를 가장 잘 아는 사람일 수 있기 때문이다. 실제로 담임목사를 통하여 목회자가 되는 경우가 가장 많지 않을까 생각된다.

부모가 목회자 되라고 했든지 아니면 목회자가 그렇게 하라고 했든지, 이 두 가지 경우는 목회자가 된 동기가 자신의 의지와는 별 상관이 없다는 특징이 있다.

3. 삶의 실패와 좌절

셋째, 모든 일에 실패하고 목회자가 되는 경우가 있다.

사업에 실패하여 빚더미에 고생한 후에, 연애에 실패하여 실의를 겪은 후에, 아니면 자신이 소망하던 것에 대하여 회의를 느낀 후에 모든 것을 다 포기하고 목회자가 되는 사례이다. 이런 사람들은 그와 같은 삶의 시련이 분명히 하나님의 인도하심이라는 확신 가운데 목회자로 헌신하게 되었다고 말한다.

이런 경우는 인생의 길을 한참 돌아서 대부분 늦은 나이에 목회의 길에 들어서는 사람들이 많으므로 목회하는 기간이 비교적 짧을 수밖에 없다. 그러나 삶의 모든 경험은 목회 활동에 적지 않게 활용되며 또 특수한 목회를 통하여 하나님께 영광이 되는 일도 많다. 목회 현장에서 이런 목회자들을 얼마든지 찾을 수가 있다.

4. 직접적인 부르심

넷째, 직접 하나님의 부르심을 받는 사람이 있다.

기도하는 중에 하나님의 음성을 듣거나 신비한 환상을 보고 그것을 하나님의 부르심으로 생각하고 목회자가 된 사례이다. 어떤 목회자는 고등학교 졸업반 때, 자신의 진로를 위하여 기도하는 중에 주의 종이 되라는 하나님의 음성을 듣고 신학교에 진학하게 되었다고 한다.

이런 경험을 가지고 목회자가 된 사람들은 비교적 큰 확신으로 목회자의 길을 가는 것을 자주 본다. 자신이 스스로 체험한 일이며 하나님이 자신을 목회자로 부르셨다는 신념이 그를 강하고 담대하게 만들어 주지 않았나 생각된다. 사도 바울도 하나님이 자신을 부르셨다는 확신 때문에 자신의 모든 것을 바쳐 헌신했다(딤전 1:12).

5. 자신의 선택

다섯째, 스스로 목회자의 길을 선택하는 경우이다.

목회만이 가장 의미 있는 일이라고 생각하고 스스로 목회자의 길로 들어서는 사람들이 있다. 인생에서 가장 의미 있는 길을 찾아 헤매다가 목회야말로 자신의 한평생을 바쳐서 해야 할 일이라는 확신을 하고 목회의 길을 선택하는 경우이다. 진주 장사가 좋은 진주를 찾아 돌아다니다가 최상품 진주를 찾았을 때, 그의 모든 것을 팔아 그 진주를 사는 것과 같다(마 13:45-46).

필자는 예수님을 믿은 후로 교회가 가장 좋았다. 교회에 있을 때가 가장 즐겁고, 교회 일을 하는 것이 가장 재미있었다. 그러나 그 당시 목회자가 될 생각은 전혀 하지 못했다. 그 후, '나는 장차 무엇을 하며 살아야 할 것인가?' 심각하게 고민하면서 다음과 같은 생각에 직면하게 되었다.

> 내가 목회 이외에 다른 일을 하고 살았을 때 4, 50년 후에는 대강 이런 모습이 될 것이다. 그때, 나는 과연 내 인생을 잘 살았다고 자위하며, 그런 삶을 선택한 나 자신의 판단에 대하여 후회하지 않을 수 있을까.

이런 생각의 결과, 필자는 다른 일로써는 절대 만족할 수 없다는 사실을 깨달았으며, 목회를 하는 일이 내 생애에 가장 보람 있는 일이라는 결론을 내렸다. 그 후, 곧바로 목회자가 되는 길로 들어섰으며 지금까지 목회하는 중에 목회자가 된 사실에 대하여 한 번도 후회해 본 적이 없다. 물론 이 말은 나 자신이 좋은 목회자라거나 목회를 잘했다는 말과는 다른 의미이다.

목회자로의 부르심은 얼마든지 다양한 방법이 사용될 수 있다고 본다. 그러므로 어떤 것만이 진짜 하나님의 소명이라고 할 수는 없을 것이다. 하나님께서는 사람마다 특별한 방법으로, 또 그 사람의 형편에 따라 적절한 방법으로 자신의 종으로 부르신다고 믿는다.

그러나 분명한 사실은 어떻게 부르심을 받든지 목회로 부르심을 받은 사람들에게는 한 가지 공통된 확신이 있는데, 그것을 서그든(Howard F. Sugden) 목사는 "자기의 생애를 다른 직업에 투자할 것을 용납하지 않는 내적인 확신"이라고 했다. 바울은 이 일에 대하여 다음과 같이 말했다.

내가 복음을 전할지라도 자랑할 것이 없음은 내가 부득불 할 일임이라 만일 복음을 전하지 아니하면 내게 화가 있을 것임이로다(고전 9:16).

제3장

목회자의 조건

목회는 아무나 할 수 있는 일이 아니다. 목회는 가사도우미나 마트 판매원이 하는 일처럼 그렇게 단순한 일이 아니기 때문이다. 목회의 일은 대단히 전문적이고 업무의 범위도 넓다. 그러므로 목회자에게는 이러한 직분을 감당할 수 있는 일반적인 능력이 요청된다. 그러나 이러한 능력에 앞서 목회자에게는 다음과 같은 조건이 필수적이다.

1. 사람 사랑

목회자는 사람을 사랑해야 한다. 목회는 사람을 살리는 일이며 영혼을 구원하는 일이다. 이러한 일에 부름을 받은 목회자에게 사람을 사랑하는 마음이 없다면 그가 하는 일은 세속적인 일과 다르지 않으며 그 목회자는 결국 삯꾼 목자가 될 확률이 매우 높다. 참 목자는 목자장

(牧者長) 되시는 예수님처럼 그가 맡은 양을 사랑하며 그 양들을 위하여 목숨을 버릴 수 있어야 한다.

> 삯꾼은 목자가 아니요. 양도 제 양이 아니라 이리가 오는 것을 보면 양을 버리고 달아나나니 이리가 양을 물어가고 또 헤치느니라 달아나는 것은 그가 삯군인 까닭에 양을 돌보지 아니함이나 나는 선한 목자라 나는 내 양을 알고 양도 나를 아는 것이 아버지께서 나를 아시고 내가 아버지를 아는 것 같으니 나는 양을 위하여 목숨을 버리느니라 (요 10:12-15).

존 칼빈(John Calvin)은 목회하는 동안 항상 영혼을 불쌍히 여기는 마음을 달라고 기도했다고 한다. 영혼을 불쌍히 여기는 마음을 언제나 충만하게 채워달라는 기도였을 것이다. 목회자의 모든 사역은 영혼을 사랑하는 마음과 절대로 무관할 수 없기 때문이다.

물론 모든 목회자가 영혼을 사랑하고 불쌍히 여기는 마음으로 목회를 시작하겠지만, 우리가 다 온전하지 못하기 때문에 목회자는 누구나 그의 목회가 끝나는 날까지 그 마음이 식지 않도록 칼빈과 같은 기도를 드릴 수밖에 없다. 영혼을 사랑하는 마음이 없는 목회자의 사역은 하나의 비즈니스가 될 수밖에 없다.

2. 예수님 사랑

목회자가 되는 데 가장 중요한 조건은 세상의 어떤 것보다도 예수님을 더욱 사랑하는 것이다. 예수님께서는 베드로에게 목회의 사역을 맡기실 때 다음과 같은 질문을 하셨다.

시몬아, 네가 이 사람들보다 나를 더 사랑하느냐(요 21:15).

이와 같은 예수님의 질문은 다음의 두 가지의 해석이 가능하다.

첫째, "시몬아! 이 사람들이 나를 사랑하는 것보다 네가 나를 사랑하는 것이 더 크냐?"이다. 다시 말하면 예수님에 대한 시몬과 다른 제자들의 사랑 중에 누구의 사랑이 더 크냐는 질문이다.

이와 같이 해석하는 사람들은 예수님께서 베드로가 언제나 자신을 특별하게 생각했던 사실, 즉 "다 주를 버릴지라도 나는 주를 버리지 않습니다"(마 26:33)라는 베드로의 교만한 태도를 기억하게 하시고 베드로를 겸손하게 하시려는 의도로 하신 질문으로 해석한다.

"네가 나를 사랑하는 것이 다른 제자들이 나를 사랑하는 것과 비교해서 특별하지 않다."

이것을 베드로에게 알려주시기 위한 말씀이라는 것이다.

둘째, "시몬아! 네가 이 사람들을 사랑하는 것보다 나를 더 사랑하느냐?"이다. 다시 말하면 베드로가 다른 제자들과 예수님 중에서 누구를 더 사랑하느냐 하는 것을 묻는 질문이라는 말이다.

"베드로야, 네가 저 사람들, 즉 다른 제자들을 더 사랑하느냐 아니면 나를 더 사랑하느냐?"

둘 중 하나를 선택하라는 말씀이다.

첫 번째 해석은 예수님을 앞에 두고, 다른 제자들이 예수님을 더 사랑하느냐 아니면 베드로가 예수님을 더 사랑하느냐 하는 것을 묻는 질문이라고 본다면, 두 번째 해석은 베드로가 예수님과 제자들 사이에서, 다른 제자들을 더 사랑하느냐 아니면 예수님을 더 사랑하느냐 하는 것을 묻는 질문이라는 해석이다.

여러분은 이 두 가지 해석 가운데 어떤 해석이 옳다고 생각하는가?

두 가지 해석이 다 일리가 있지만, 필자가 두 번째 해석을 주장하는 이유는 다음의 두 가지이다.

첫째, 예수님은 언제나 '자신을 다른 사람과 비교하라'고 하지 않으셨다.

예수님은 다른 사람과 자신을 비교하고 경쟁하기보다는 언제나 '먼저 너 자신이나 바로 서라'고 하셨다. 예수님께서 베드로의 순교를 예언하셨을 때에 베드로가 곁에 있던 요한을 가리키면서 '이 사람은 어떻게 되겠느냐'고 여쭈었을 때 예수님은 이렇게 말씀하셨다.

> 내가 올 때까지 그를 머물게 하고자 할지라도 네게 무슨 상관이냐 너는 나를 따르라(요 21:22).

다른 사람이 어떻든지 신경 쓰지 말고 너나 잘 믿으라는 말씀이다.

예수님은 한 번도 사람들을 서로 비교하여 말씀하신 적이 없다.

"왜 너는 저 사람이 나를 사랑하는 만큼 나를 사랑하지 않느냐?"

예수님은 결코 이런 질문을 하지 않으신다. 다른 사람은 우리의 표준 혹은 우리의 목표가 될 수 없기 때문이다.

둘째, 예수님은 우리가 세상의 어떤 것들보다도 예수님 자신을 더 사랑하는 것을 원하시기 때문이다.

예수님은 아버지나 어머니를 나보다 더 사랑하는 것도, 아들이나 딸을 나보다 더 사랑하는 것도 합당하지 않다고 하셨다(마 10:37). 그러므로 위에서 하셨던 예수님의 질문은 "네가 다른 사람들을 사랑하는 것보다 나를 더 사랑하느냐"라고 해석하는 것이 옳다고 생각된다.

물론 다른 사람들을 사랑하는 것보다 주님을 더 사랑해야 하는 일은 모든 신자에게 똑같이 해당한다. 예수님은 자신을 따르는 모든 사람에게 말씀하셨다.

> 아버지나 어머니를 나보다 더 사랑하는 자는 내게 합당하지 아니하고 아들이나 딸을 나보다 더 사랑하는 자도 내게 합당하지 아니하며 (마 10:37).

그러나 특히 목회자에게는 이 사실이 더욱 중요하다.

목회자는 물론 사람을 사랑해야 한다. 사람을 사랑하지 않고서야 어떻게 사람을 구원하는 일을 할 수 있겠는가. 그러나 목회자는 사람보다 예수님을 더 사랑해야 한다. 사람들보다 예수님을 더 사랑하지 못하는 사람은 목회자보다는 사회사업이나 구제 사업가로 활동하는 것이 자신을 위해서나 주님을 위해서나 또 교회를 위해서나 훨씬 좋은 일이다.

3. 인본주의 신앙의 오류

주님보다 사람을 더 사랑하는 신자를 인본주의 신자라고 부를 수 있다. 이들은 예수님보다 사람들에게 관심이 더 많다. 이들에게는 하나님께서 무엇을 좋아하시고 하나님께서 무엇을 소중하게 보시는가보다 사람들이 무엇을 좋아하고 사람들이 무엇을 필요로 하느냐가 우선이다. 따라서 예수님의 관심에 대해서는 무지한 경우가 많다.

이들은 '사람에게 하는 것이 곧 나에게 하는 것'이라는 예수님의 말씀을 매우 좋아한다. 그러면서 한 걸음 더 나아가 사람을 사랑하는 것이 예수님을 사랑하는 것이며 사람들에게 잘하는 것이 곧 주님께 잘하는 것이라고 주장한다. 인본주의자들은 다음의 말씀을 매우 중요시하며 또 즐거이 인용한다.

> 내가 주릴 때에 너희가 먹을 것을 주었고 목마를 때에 마시게 하였고 나그네 되었을 때에 영접하였고 벗었을 때에 옷을 입혔고 병 들었을 때에 돌아보았고 옥에 갇혔을 때에 와서 보았느니라 이에 의인들이 대답하여 가로되 주여 우리가 어느 때에 주의 주리신 것을 보고 공궤

하였으며 목마르신 것을 보고 마시게 하였나이까 어느 때에 나그네 되신 것을 보고 영접하였으며 벗으신 것을 보고 옷 입혔나이까 어느 때에 병 드신 것이나 옥에 갇히신 것을 보고 가서 뵈었나이까 하리니 임금이 대답하여 가라사대 내가 진실로 너희에게 이르노니 너희가 여기 내 형제 중에 지극히 작은 자 하나에게 한 것이 곧 내게 한 것이니라(마 25:35-40).

이 말씀은 어떻게 보면 정말 예수님께서 지극히 작은 자와 자신을 동일하게 보시는 것처럼 생각되기도 한다. 그러나 "네 형제에게 한 것이 곧 내게 한 것"이라는 예수님의 말씀은 신앙의 이분화 현상을 경계하신 말씀이다. 우리가 하나님을 믿고 사랑한다고 하면서도 내 이웃에 대하여 무관심하고, 내 이웃의 불행을 돌보지 않는 이중적이고 이기적인 생활을 탈피해야 한다는 말씀이다. 우리가 하나님을 사랑한다면 당연히 내 이웃도 사랑해야 한다는 것이다. 예수님은 바로 이 사실을 말씀하려고 하셨다.

그런데도 인본주의 신자들은 네 형제에게 한 것이 곧 내게 한 것이라는 예수님의 말씀을 확대 해석해서 이웃을 예수님과 동일시하는 오류를 범한다. 그러나 정말로 사람에게 잘하는 것이 하나님께 잘하는 것이라면 하나님께서는 십계명을 주실 때 1계명에서 4계명까지는 주지 않으셔야 맞다.

부모를 공경하라는 계명부터 탐내지 말라는 계명까지 사람에 대한 계명만 주시면 되는데 우상숭배에 대한 계명이나 안식일에 대한 계명은 무엇 때문에 주셨겠는가?(출 20:1-11).

예수님도 마찬가지이다. 예수님은 우리에게 새 계명을 주시면서 '너희는 마음을 다하고 뜻을 다하고 성품을 다하고 목숨을 다하여 하나님을 사랑하고 네 이웃을 네 몸같이 사랑하라'고 하셨다(눅 10:27). 이웃을 섬기는 것이 곧 하나님을 섬기는 것이라면, 예수님께서도 하나님을 사랑하라는 말씀은 하실 필요가 없이 그저 이웃을 네 몸처럼 사랑하라는 말씀만 하시면 그만이었을 것이다.

하나님은 하나님이시고 이웃은 이웃이다. 그런데도 인본주의 신앙을 가진 사람들은 하나님과 인간을 동일시하기 때문에 결국은 하나님보다 사람이 먼저가 되고 만다. 이렇게 되면 주일을 맞이하여 예배를 드리러 가야 하는 시간에 안 믿는 친구가 놀러 오면 그 친구의 마음을 상하지 않게 하려고 그날은 교회 가는 일을 포기할 수밖에 없을 것이다. 친구에게 잘하는 것이 하나님께 잘하는 것이기 때문이다.

또 불쌍한 사람을 보면 하나님께 바칠 십일조라고 하더라도 얼마든지 그 사람에게 줄 수 있을 것이다. 불쌍한 사람에게 주는 것을 하나님께 드리는 것과 동일하다고 생각하기 때문이다.

세상에 이런 모순과 억지가 어디 있는가?

하나님은 하나님이시요 이웃은 이웃이다. 신자는 하나님도 사랑해야 하고 이웃도 사랑해야 한다. 하나님께 대한 의무가 있고 이웃에 대한 의무가 있다. 하나님을 섬기는 일이 따로 있고 이웃을 섬기는 일이 따로 있다. 그런데 인본주의 신앙의 사람들은 이 사실을 잘 구분하지 못한다. 그래서 하나님을 섬긴다고 하면서 오히려 하나님을 외면하는 일을 하는 것이다.

어떤 가정에서 아버님의 회갑을 맞이하여 형제자매들이 다 모여 잔치를 열었다. 그런데 맏아들이 음식을 아버지 상에만 잔뜩 차려놓고 동생들 상에는 밥 한 그릇과 국 한 그릇밖에 놓지 않았다. 그것을 본 아버지가 마음이 불편해서 맏아들에게 말했다.

"애야, 네 동생을 잘 대접하는 것이 곧 나를 대접하는 것이다."

그랬더니, 맏아들이 이번에는 아버지 상은 텅텅 비워놓고 동생들 상에만 상다리가 부러지게 음식을 올려놓았다.

인본주의 신앙이 바로 이런 꼴이다. 신자는 하나님께 할 일이 있고 사람에게 할 일이 있다. 이 둘이 다 중요하다. 그러나 더 중요한 일, 더 우선적인 일은 하나님께 대한 일이다. 모든 신자는 이 사실을 항상 잊지 말아야 하며 목회자의 경우는 더욱 그러하다.

목회자가 위에 언급한 사실을 깊이 인식하지 못한다면 그는 일생, 하나님을 섬기는 "하나님의 종"이라기보다는, 사람을 섬기는 "사람의 종"이 되고 말 것이다. 그래서 예수님은 베드로에게 목회를 위임하시면서 질문하셨다.

시몬아, 네가 이 사람들보다 나를 더 사랑하느냐(요 21:15).

오늘날 얼마나 많은 목회자가 인본주의 신앙에 빠져서 하나님보다 사람을 더 섬기고, 하나님을 기쁘시게 하기보다 사람을 더 기쁘게 하고 있는지 모른다. 그들은 하나님의 종이 아니라 사람의 종으로 전락한 목회자들이다. 이런 목회자들은 "시몬아, 네가 이 사람들보다 나를 더 사랑하느냐?"라는 예수님의 질문을 다시 한번 확인하는 일이 절실하다고 하겠다.

제4장

목회자의 의무

예수님이 제자를 부르신 목적은 두 가지이다. 하나는 제자들에게 예수님과 함께 있게 하고, 다른 하나는 세상에 나가서 전도와 귀신을 내어 쫓는 일을 하게 하기 위함이다. 이 사실에 대하여 예수님은 너무나 분명하게 말씀하셨다.

> 이는 자기와 함께 있게 하시고 또 보내사 전도도 하고 귀신을 내어 쫓는 권세도 있게 하려 하심이라(막 3:13-15).

이 두 가지 사역 중에서 우리는 둘째 사역에 비중을 두고 생각하는 경향이 강하다. 예수님의 제자는 세상에 나가서 열심히 복음을 전하며 사탄의 권세를 무찌르는 일을 잘 감당해야 한다는 것이다. 물론 백번 옳은 말이지만 순서가 틀렸다. 먼저 주님과 함께 있고 그다음에 세상으로 나가야 한다. 세상에 나가기 전에 먼저 주님과 함께 있어야 한다는 말이다.

1. 주님과 함께 있는 일

목회자에게는 나가서 하는 일보다 주님과 함께 있는 일이 더 중요하다. 왜냐하면, 목회자가 나가서 하는 일은 주님과 함께 있는 일에 종속되는 것이며 따라서 주님과 함께 있는 일에 실패하면 나가서 하는 일도 실패할 수밖에 없기 때문이다. 그러므로 목회자에게는 나가서 일하는 것보다 주님과 함께 있는 일이 우선이다.

그래서 예수님은 제자들에게 먼저 예수님과 함께 있는 일을 요구하셨다. 예수님과 함께 먹고 마시고 잠자고 일어나며, 예수님과 함께 지내는 일이다. 이것이 제자에게 더 본질적이고 우선적인 일이다. 왜냐하면, 이 일을 잘해야만 전도하고 귀신을 내어 쫓는 일도 잘 할 수 있기 때문이다.

예수님의 제자들은 예수님과 함께 있으면서 예수님의 말씀을 듣고 예수님의 행동을 보며 예수님을 배웠다. 예수님이 무엇을 소중히 여기시고 무엇을 기뻐하시며, 어떻게 일하시는지를 눈여겨 배웠다. 만약 제자들에게 예수님과 함께 있는 시간이 없었다면 그들은 결코 세상을 변화시킬 수 없었을 것이다. 제자들은 주님과 함께 있는 일에 성공했기 때문에 또 주님을 떠나 이 세상에 나가서도 제자의 사명을 성공적으로 감당할 수가 있었다.

예수님도 마찬가지이다. 예수님은 수많은 사람에게 말씀을 가르치시고 수많은 병자를 고치시고 심지어 죽은 자를 살리기까지 하셨다. 그런데 이런 일이 가능했던 것은 주님이 먼저 하나님과 함께 계셨기 때문이다. 예수님은 새벽 미명에 기도하셨으며(막 1:35) 때로는 밤을 새워 기도하셨다(눅 6:12). 주님께 먼저 하나님과 함께 있는 시간이 있었기 때문에 그 후, 주님은 세상으로 나가셔서 거침없이 그의 사역을 감당하실 수가 있었다.

2. 마리아와 마르다

예수님이 베다니 마리아의 집에 들어가셨을 때 언니 마르다는 주님을 위하여 음식을 준비했다. 주님을 위하여 열심히 일했다는 말이다. 그러나 마르다는 생색을 내고, 짜증을 내고, 불평불만이 가득한 채로 일했다. 그래서 예수님은 그렇게 속상한 마음으로 일하려면 오히려 한 가지만 하는 것이 더 좋겠다고 말씀하셨다. 나중에 예수님이 그 음식을 잡수셨겠지만 그렇게 즐거운 식사는 아니었을 것이라고 본다.

그러나 마리아는 부엌에 들어가서 언니와 함께 일하지 않고 오히려 주님과 함께 있었다. 그녀는 주님의 발 앞에서 겸손히 주님의 말씀에 귀를 기울여 잘 듣고 배웠다. 그녀는 주님과 함께 있는 일을 소중히 여기고 주님과 함께 있는 일에 성공했다.

그래서 후에 마리아는 귀한 향유를 통째로 예수님의 머리와 발에 부음으로써 예수님을 위하여 가장 큰 일을 할 수가 있었다. 이 일에 대하여 예수님은 장차 복음이 전해지는 곳에는 이 여자가 행한 일도 함께 전하여질 것이라고 말씀하셨다(마 26:13). 마리아가 한 일은 정말 엄청난 일이었으며 이 일은 주님과 함께 있었던 일을 기초로 하고 있다.

3. 목회자와 경건의 시간

예수님의 제자는 우선 예수님과 함께 있는 일을 잘 해야 한다. 그래야만 예수님이 명하신 다른 일도 잘 할 수가 있다. 주님과 함께 있는 일에 실패한 제자는 아무짝에도 쓸모가 없다. 주님의 제자라고 하면서도 주님과 함께 있으려 하지 않기 때문에 세상에 나가서도 제자의 사명을 바로 감당하지 못하는 것이다. 그러므로 제자의 필수 과목은 주님과 함께 있는 일이다.

예수님의 제자인 모든 신자에게도 예수님과 함께 있는 일이 이렇게 중요하거늘 제자 중의 제자인 목회자에게는 이 일이 얼마나 더 중요하겠는가?

목회자에게 성경을 묵상하고 연구하는 시간, 예수님과 깊은 기도와 명상의 시간이 없다면 그 목회는 이미 실패한 목회라고 할 수밖에 없다. 목회자는 주님과 함께 있는 시간에 성공함으로써 그가 회중을 상대하는 목회 현장에서도 능력 있는 사역을 할 수 있다. 목회자의 경건 생활은 목회의 성패를 좌우하는 일이다. 목회자에게 이 시간이 없다면 그는 무능력한 하나의 직업인으로 전락할 수밖에 없을 것이다.

목회자의 사역이 나무라고 하면 목회자에게 있어서 주님과 함께 있는 시간은 그 나무의 뿌리와 같다. 뿌리가 성실하지 못하면 그 나무도 그러하며 나무로부터 어떤 열매도 기대할 수가 없다. 에드워드 투르나이젠(Eduard Thurneysen)은 목회자의 경건 시간을 "목회자를 위한 목회"라고 규정하였는데 이 말은 매우 의미심장한 말이며 모든 목회자가 두고두고 음미해야 할 말이다. 모든 목회자의 목회 대상은 우선 자기 자신이며, 이것은 자신에게 주님과 함께 있도록 하는 일이다.

목회자의 경건 시간은 당연히 경건한 삶과 연결되어야 한다. 목회자의 삶은 예수님을 전하는 삶인데 예수님은 언제나 경건한 사람들의 증거를 받기 원하시기 때문이다. 예수님이 세상에 계셨을 때, 마귀가 예수님을 알아보고 예수님을 증거했던 적이 있었으나 예수님은 마귀의 증거를 단호히 제지하셨다(막 1:24-25).

예수님을 향하여 "하나님의 거룩한 자"라는 마귀의 증거는 사실이었으나 예수님은 자신이 더러운 마귀로부터 증거 받는 일을 원치 않으셨기 때문에 마귀를 꾸짖으시며 "잠잠하라"고 하셨다. 그러나 세례 요한이 예수님을 증거하였을 때 기꺼이 그의 증거를 받으셨다(요 1:29-36). 왜냐하면 요한은 참으로 경건한 사람이었기 때문이다. 목회자가 목회 현장에 나가서 일하기 전에 먼저 주님과 함께 있어야 하는 것은 결국 경건한 증인이 되기 위함이다.

제5장

목회자의 마음 자세

목회자가 자신의 직무를 감당할 때에 반드시 요청되는 자세가 있다. 목회자가 불평불만이 가득하여 억지로 일한다면 그와 같은 상태는 당연히 하나님께도 합당하지 못하지만, 본인은 물론 신자들에게도 대단히 불행한 일이 된다.

목회자가 어떤 마음으로 일해야 하는가?

목회자에게 있어서 가장 절실한 마음은 감사함과 겸손함이다.

1. 목회자의 감사

첫째, 목회자는 하나님 앞에 감사한 마음으로 일해야 한다.

모든 신자의 공통된 감사의 근거는 말할 것도 없이 주님의 은혜로 죄 용서받고 하나님의 자녀가 되었다는 사실이다. 목회자에게도 이런 감사가 있어야 함은 말할 것도 없다.

그러나 목회자의 감사는 여기에 머물지 않는다. 목회자의 감사는 하나님께서 자신을 불러 하나님의 종이 되게 하셨다는 사실에 대한 감사이다. 바울은 기회가 있을 때마다 자신을 하나님의 종으로 세워주셨다는 사실에 대하여 감사했다.

> 나를 능하게 하신 그리스도 예수 우리 주께 내가 감사함은 나를 충성되이 여겨 내게 직분을 맡기심이니(딤전 1:12).

여기서 "충성되이 여겨"라는 말은 "충성스럽게 보시고"라는 의미이다. 실제로는 충성스럽지 않은데 충성스러운 것으로 보셨다는 말이다. 불충한 자신을 충성스러운 자로 간주하시고 이 귀한 직분을 맡겨주셨다는 것, 이것이 바로 바울이 감사한 근거이다.

목회자에게는 바울과 같은 감사가 있어야 한다. 충성스럽지 못한 사람, 형편없는 사람을 불러서 목회자가 되게 하셨다는 사실에 대하여 죽을 때까지 감사해도 지나침이 없다. 물론 목회 외에 다른 일도 훌륭한 일이 많고, 목회자 가운데는 목회가 아니라 다른 일을 해도 얼마든지 잘할 수 있는 사람들도 많을 것이다.

그러나 다른 일도 중요하지만, 창조주 하나님의 일꾼으로서 그분이 직접 맡겨주신 영혼을 구원하는 일에 부름을 받았다는 사실은 정말 너무나 감격스러운 일이요 두고두고 감사해도 부족한 일이다. 목회자에게는 언제나 이런 감사가 마음속에 충만해야 한다.

2. 목회자의 겸손

둘째, 겸손한 마음이다.

목회자는 하나님 앞에서 언제나 겸손해야 한다. 우리가 목회하지 않는다고 해서 하나님의 일이 크게 지장을 받는 것은 아니다. 나 외에도 얼마든지 하나님의 사역으로 부름을 받을 사람들이 많기 때문이다. 그리고 하나님의 모든 일은 목회자 자신이 아니라 전능하신 하나님 자신이 이루신다.

목회자는 그저 하나님의 작은 심부름꾼일 뿐이다. 심부름하는 사람이 자기가 하는 일을 굉장하게 생각하고 자신이 그 일을 안 하면 모든 일이 안 된다고 주장한다면 이것은 코미디이다. 그렇기 때문에 목회에 부름을 받은 사람들은 언제나 겸손한 마음으로 일해야 한다. 누가복음에는 겸손의 본보기로 다음과 같은 말씀이 기록되어 있다.

> 너희 중 누구에게 밭을 갈거나 양을 치거나 하는 종이 있어 밭에서 돌아오면 그더러 곧 와 앉아서 먹으라 말할 자가 있느냐 도리어 그더러 내 먹을 것을 준비하고 띠를 띠고 내가 먹고 마시는 동안에 수종 들고 너는 그 후에 먹고 마시라 하지 않겠느냐 명한 대로 했다고 종에게 감사하겠느냐 이와 같이 너희도 명령 받은 것을 다 행한 후에 이르기를 우리는 무익한 종이라 우리가 하여야 할 일을 한 것뿐이라 할지니라(눅 17:7-10).

이 종들의 마음은 목회자들이 꼭 본받아야 할 마음이다. 종들이 주인의 명령을 따라 하루 종일 들에서 열심히 일하고 돌아왔다. 주인은 수고했다는 말도 없이, 곧바로 자신이 먹을 음식을 만들라고 지시했으며 종들은 또 그렇게 했다. 주인은 종들이 만들어 온 음식을 먹으면서 이번에는 종들에게 곁에서 수종을 들라고 명령하고 모든 일을 마친 후에 먹든지 쉬든지 하라고 했다. 그럼에도 불구하고 종들은 자기의 일을 다 마친 후에 "우리는 무익한 종"이라고 고백했다.

너무나 충성스러운 종들인데 그들은 왜 자신들의 충성스러움을 주장하지 않았는가?

왜냐하면 종으로서 그러한 충성을 하는 것은 너무나 당연한 일이기 때문이다. 그래서 그들은 "우리는 무익한 종이라 우리가 하여야 할 일을 한 것뿐이라"고 말했다. 이것이 종으로서의 마땅한 자세이며 또 목회자가 가져야 할 기본적인 자세이다. 목회자가 죽기까지 충성한다고 해도 그 일은 결코 자랑할 일이 아니다. 그 일은 너무나 마땅한 일이며 지극히 당연한 일이기 때문이다.

제6장

목회자의 신학과 목회 철학

　목회자에게는 하나님을 향한 신앙과 함께 신학이 있어야 한다. 신앙이란 예수님에 대한 확실한 신앙 고백, 즉 진리에 대한 명확한 확신을 말한다. 그러나 목회자에게는 뜨거운 신앙만으로는 부족하다. 그는 다른 사람들을 구원의 길로 인도하며 또 교회를 진리로 보호해야 할 책임이 있기 때문이다.

　목회자에게는 냉철하고 깊이 있는 신학이 있어야 한다. 목회자에게 신학이 없으면 소경이 소경을 인도하는 것처럼 신자들과 목회자가 둘 다 구덩이에 빠지게 된다(마 15:14). 이 세상에는 신자들을 잘못된 길로 인도하며 교회를 무너뜨리려는 사탄의 시도가 끊임없이 진행되고 있다(벧전 5:8). 그러므로 목회자는 분명한 신학과 믿음으로 교회를 이끌어 가야 한다.

1. 목회자의 신학

도널드 블러쉬(Donald G. Bloesch)는 현대 목회자들은 자신의 위치를 이해하지 못하고 자신을 그리스도의 대사와 목자가 아니라 상담가나 행정가 또는 선전원으로 자처한다고 했다. 실제로 목회 현장에서 목사가 하나님의 말씀을 깊이 연구하며 가르침으로써 신자들을 바로 인도하고 교회를 보호하는 것에 전념하는 것이 아니라 덜 중요한 일에 정력과 시간을 소비하는 일이 비일비재하다. 이렇게 되면 교회의 본질이 흐려지고 목회의 방향이 엉뚱한 쪽으로 흐르게 된다.

1) 교회의 본질에 대한 오해

교회의 본질에 대한 목회자의 이해가 잘못되면 목회의 모습이 변질될 수밖에 없다. 일부 목회자들이나 신자들이 가진 교회에 대한 오해는 다음의 4가지로 구분할 수 있다.

첫째, 교회를 친목 단체로 생각하는 오해이다.

이렇게 생각하는 목회자에게 목회의 제일 되는 목적은 신자들이 사이좋게 잘 지내도록 하는 것이다. 그들에게 있어 교회는 신자들끼리 모여 맛있는 것도 먹고, 여기저기 재미있게 놀러 다니고, 또 여러 가지 조직을 만들어 회장이니 부장이니 하는 감투를 나누어 쓰게 하고, 가끔씩 착한 일도 하게 하는 곳이다. 그리고 이런 일을 잘 조직하고 관리하는 목회자가 유능한 목회자이다.

둘째, 교회를 구제나 사회봉사 단체라고 생각하는 오해이다.

이런 오해에 빠지면 교회는 가장 먼저 가난한 사람을 위하여 구제 활동을 하고 사회봉사를 해야 한다고 생각한다. 세상 사람들이 교회를 비판할 때에 하는 말 가운데 "교회가 이 사회를 위하여 뭘 하느냐?"라고 하는 말은 교회가 사회봉사를 하는 단체라는 의식이 바탕에 깔린 말이다.

그런데 목회자 가운데도 이런 생각을 하는 사람들이 더러 있다. 그래서 교회는 우선적으로 모든 재원과 노력을 구제와 봉사를 위하여 쏟아야 한다고 주장한다. 물론 어떤 의미에서는 일리가 있는 말이지만 그렇게 된다면 교회는 일종의 사회봉사 단체가 되고 말 것이다. 교회가 구제도 하고 봉사도 해야 하지만 그 일이 교회의 주된 목적은 아니다.

셋째, 교회를 사회 운동 단체나 정치 단체로 생각하는 사람도 있다.

교회가 민주화 운동, 환경 운동과 같은 사회적인 이슈에 대하여 깊은 관심을 가지고 정치에 영향을 주는 강력한 활동을 해야 한다는 생각이다. 과거에 민주화 투사들이 교회를 발판 삼아 현실 참여를 많이 했는데 지금도 교회는 그래야 한다는 것이다. 이와 같은 생각은 어느 정도 참고할 수 있지만 지나치면 곤란한데, 교회가 사회 운동 혹은 정치 운동 단체가 되면 교회의 본질이 훼손되어 세상 사람들이 교회를 외면하고, 또 신자들의 영적 상태가 삭막해질 위험이 있다.

넷째, 교회를 선교 단체로 생각하는 오해이다.

이 말에 대해서는 반론을 제기할 사람들이 많을 것이다.

"교회가 선교 단체가 아니라면 그럼 뭐란 말인가?"

이러한 반론이다. 선교는 교회의 중요한 임무지만 그렇다고 해서 교회가 선교 단체는 아니다. 무슨 선교회니 무슨 전도단이니 해서 우리 주위에 선교만 하는 단체들이 많이 존재하는데 이 단체들의 주 목적은 말 그대로 선교하고 전도하는 일이다.

그러나 교회는 그렇게 단순한 단체가 아니다. 교회에는 교제의 기능도 있고 구제나 봉사의 기능도 있고 또 사회 참여의 기능도 있으며, 물론 선교의 기능도 있다. 그렇다고 해서 교회는 친교 기관도 아니고 구제나 봉사 기관도 아니고 사회 참여 기관도 아니고 선교 기관도 아니다. 교회는 이 모든 것을 포함하지만 이 중에 어느 한쪽에 얽매여 있어서는 안 된다.

교회는 하나님을 섬기는 하나님의 백성들이 정기적으로 모여서 하나님을 찬양하며 경배하는 곳이며, 또 신자들을 잘 가르치고 인도하여서 하나님께 합당하며 하나님께 쓰임 받는 일꾼으로 양육하는 곳이다. 그러므로 목회자의 관심은 친교나 봉사가 아니라 신자 개개인의 믿음이며, 선교가 아니라 신자 개개인의 성장이다. 그리고 성장한 신자들의 삶 속의 열매가 친교나 봉사 혹은 선교로 나타나게 되는 것이다.

학교가 뭘 하는 곳인지 모르는 학생이 공부를 잘 할 수가 없고, 군대가 뭘 하는 곳인지 모르는 군인이 전쟁에서 승리할 수 없는 것과 같은 것처럼 교회의 목적이 무엇인지 모르는 목회자는 교회를 바로 이끌어 갈 수가 없는 것이 자명한 일이다. 목회자는 먼저 교회가 무엇을 위한 공동체이며 주님께서 왜 교회를 세우셨는지 바로 이해해야 한다.

2) 목회 성공에 대한 바른 견해

목회자는 누구나 목회의 성공을 열망한다. 그런데 문제는 무엇이 성공이냐 하는 데 있다. 목회자는 목회의 성공을 교회의 양적인 성장에 두는 사고방식을 고쳐야 한다. '몇 명이 모이고, 헌금이 얼마나 되고, 예배당 건물이 얼마나 큰가?' 라는 것이 목회의 성공이라고 생각하는 목회자가 적지 않다. 이러한 생각을 정리하지 못하면 목회자는 목회 기간의 많은 시간 동안 열등감에 시달리게 될 것이 분명하다.

목회의 성공이란 하나님께서 맡겨주신 양들을 바로 먹이고 인도하며 성실하게 돌보는 것이다. 목회자는 이 일을 위하여 각자 하나님께 받은 은사가 있다. 농촌 교회 혹은 도시 교회, 대형 교회 혹은 소형 교회 등 맡은 바에 대한 감사와 만족함이 모든 목회자가 가져야 할 마음이다. 어떤 일을 맡았든지 맡은 일에 대하여 최선을 다하는 것이 충성이다(고전 4:2).

2. 목회자의 목회 철학

목회자에게는 나름대로 목회 철학이 있어야 한다.
"목회란 무엇이며 목회에 있어서 무엇이 강조되어야 하는가?"
이러한 물음에 나름대로 대답이 있어야 한다는 말이다. 그렇지 않으면 그 목회는 방향을 상실하고 표류하게 된다. 목회자가 목회에 대한 일정한 목표나 방향이 없이 임시방편으로 문제를 해결해 나간다면 그가 목회하는 교회는 바른 방향으로의 성장을 기대할 수 없게 된다.

물론 모든 목회자에게 공통적인 목회적 과제와 방향이 있지만 그렇다고 해서 모든 목회자의 목회 철학이 같을 수는 없다. 개별 목회자는 일정한 지역에서 일정한 신자들을 대상으로 목회하는 사람이기 때문에 그에게만 적합한 목회의 지침이 당연히 있을 수밖에 없다. 목회 지침이란 목회자가 자기의 목회의 방향을 설정해 놓은 지도이며 영적 싸움의 작전 계획과 같다.

처음 목회를 시작하는 목회 초년병 시절부터 자신의 목회 지침을 마련하는 일은 매우 어려운 일이라 하겠다. 그때는 아직도 목회가 무엇인지 제대로 파악하지 못하고 있는 시기이기 때문이다. 그러나 한 해, 두 해, 목회의 경력이 쌓이면 목회에 대한 눈이 열리고 또 자신은 어떤 목회를 할 수 있으며 왜 그렇게 목회를 해야 하는지를 깨닫게 된다.

필자의 경우에는 전도사와 부목사 과정을 지나 교회 개척을 하면서 비로소 목회 지침을 마련할 수 있었으며 그 지침은 그 후 목회를 마칠 때까지 변하지 않고 그대로 지속할 수 있었다. 다음은 독자들이 참고할 수 있는 필자의 목회 지침을 간단히 소개한 내용이다.

1) 예배 중심의 목회

마틴 루터(Martin Luther)는 인간이 하나님을 섬기는 가장 구체적인 행위가 바로 예배라고 했다. 예배는 신앙생활의 첫걸음이며 신앙생활이라는 나무에 영양을 공급하는 뿌리와 같다. 예배의 성공은 삶의 성공이고 예배의 실패는 삶의 실패이다. 하나님께 성공적인 제사를 드렸던 아벨은 순교자로서 최후를 마쳤고 제사에 실패했던 가인은 살인자가 되고 유리하는 자가 되었다(창 4:1-12).

하나님은 영과 진리로 예배하는 자를 찾고 계신다(요 4:23). 목회자는 진리에 합당한 예배를 고안하고 집례하며 신자들이 매주 한 번 하나님께 나와 예배드리는 일에 최선을 다하도록 지도해야 한다. 그리고 신자들이 예배를 통하여 하나님 앞에서 더욱 풍성하고 충성스러운 삶을 살아가도록 인도해야 한다.

2) 복음적인 교회 구조

복음적인 교회 구조를 만든다는 말은 교회를 교회답게 조성하는 것을 의미한다. 교회는 계 모임이나 동호회도 아니고 사회 운동 기관이나 봉사 단체도 아니다. 교회는 그리스도의 몸으로서 주님의 명령을 신속하고 효율적으로 수행하는 기관이 되어야 한다.

교회가 교회답지 못하게 되는 가장 큰 요인은 믿음 없는 사람들이 교회의 중심에 있는 일이다. 믿음 없는 사람들이 교회를 장악하고 교회에 영향력을 행사하게 되면 교회는 세속화되며, 교회의 몸은 굳어져서 주님의 일을 효율적으로 감당할 수 없게 된다.

그러므로 교회는 언제나 믿음 있는 사람들이 중심에서 마음껏 헌신하며 교회를 움직여 가는 분위기가 조성되어야 한다. 이와 같은 일이 교회를 교회답게 만드는 일이며 목회자의 중요한 사명이다. 그러나 이 일은 생각처럼 쉬운 일이 아니며 목회자가 의식을 가지고 계속 싸우지 않으면 불가능한 일이다. 교회의 개혁이란 어떤 의미에서 복음적인 교회 구조를 조성하고 유지하는 일이라고 할 수 있다.

3) 하나님과 개인적 관계의 중시

한 사람의 믿음은 그의 신앙 연조나 직분 혹은 교회 활동과 교회에 대한 봉사의 양으로 평가되어서는 안 된다. 물론 믿음이 이런 것과 전혀 무관한 것은 아니지만 전혀 별개의 것이기도 하다. 믿음과 종교 행위는 엄연히 구별되어야 한다. 바리새인들은 그들의 종교 행위는 당시 모든 사람들보다 앞섰지만 그들의 믿음은 엉망이었다. 그래서 바리새인들은 예수님의 준엄한 책망을 받지 않을 수 없었다.

믿음의 본질은 하나님과의 관계이다. 신자 개개인이 하나님과 바른 관계를 맺고 날마다 그 관계를 더욱 친숙하고 더욱 긴밀하게 만들어 가는 일이 가장 중요하다. 목회자는 신자들이 신앙과 신앙이 아닌 것을 구별하고 하나님과 개인적으로 깊은 관계 속에서 살아갈 수 있도록 가르치고 도와야 한다. 그래서 한 사람도 예수님 앞에서 이런 말씀을 듣게 해서는 안 된다.

> 내가 너희를 도무지 알지 못하니 불법을 행하는 자들아 내게서 떠나가라(마 7:23).

4) 봉사 지향적인 생활 교육

　봉사 활동과 봉사 지향적인 삶은 구별되어야 한다. 봉사 활동이 봉사를 위한 일회성 이벤트라면 봉사적 삶은 그 생활 전반이 봉사적이라는 말이다. 이 말은 봉사 활동이 전혀 필요 없다는 말이 아니라, 보다 더 근본적이고 중요한 것은 봉사 지향적인 삶이라는 의미이다. 봉사 지향적 삶은 다른 사람의 삶에 도움이 되고 상대방이 나로 인하여 더 행복하고 유익할 수 있도록 상대방을 위하여 사는 삶이다.
　그러므로 목회자는 모든 신자에게 그의 삶 자체가 봉사가 되도록 가르치고 지도해야 한다(벧전 4:10). 그리고 봉사적 삶의 가장 중요한 대상은 하나님의 자녀들인 다른 신자들이다. 그래서 먼저 신자들을 상대로 한 봉사적 삶이 발전해야 한다(갈 6:10).

제2부

목회자의 직무

제1장　설교와 가르침
제2장　예배의 집례
제3장　각종 집회 및 행사
제4장　심방과 상담
제5장　교회의 보존
제6장　교회 운영

제2부

목회자의 직무

　제2부에서는 목회자가 교회와 신자들을 대상으로 감당하는 주요 직무에 대하여 다룬다. 목회자의 일은 교회마다 약간씩 다를 수가 있고 또 목회자의 목회철학에 따라서 달라질 수도 있다.

　작은 섬에서 목회를 하는 어떤 목회자에게서 들은 이야기이다. 그 교회는 6, 70대 독거 할머니 6명이 신자의 전부인데, 그는 평일에는 주로 할머니들의 생필품을 조달하고, 고장 난 전자제품을 고쳐주며, 전구를 갈아주거나 문짝을 수리하는 등의 일을 한다고 했다. 이런 경우, 이 목회자의 목회는 예배를 인도하는 것 외에 신자들의 생활 불편을 해소해 주는 역할이라고 할 수 있다.

　또 목회 방침에 따라서 목회자의 직무가 달라진다. 그 목회자가 어떤 일에 강조점을 두고 어떤 일에 우선순위를 두느냐에 따라 직무의 차이가 생긴다. 해외 선교에 강조점을 둔 목회자의 직무와 제자 훈련에 강조점을 둔 목회자의 직무는 여러 가지 점에서 같을 수가 없다.

그러나 일반적인 교회에서 목회자의 직무는 크게 다르지 않다고 본다. 특정한 직무의 비중을 놓고 볼 때, 어느 정도 차이가 있겠지만 대부분의 교회에는 목회자의 보편적인 직무가 있다는 것이 사실이다. 여기에서는 목회자의 기본적인 역할 6가지를 선정하여 다룬다.

제1장

설교와 가르침

목회자의 가장 중요하고 우선적인 사역은 말씀을 연구하고 전하는 일이다. 목회는 곧 말씀의 사역이다. 목회자가 말씀을 바로 선포하면 교회가 바로 서고 건강해진다. 그러나 설교가 약화되면 교회와 신자가 병든다.

교회에서 설교의 자리를 대신할 수 있는 것은 아무것도 없다. 그러므로 목회자가 사용하는 시간 가운데 가장 많은 부분은 설교와 가르침의 시간이 될 수밖에 없다. 물론 개인의 역량에 따라 차이가 있겠지만 필자의 경우에는 가용 시간의 70% 이상을 이 일에 투자하지 않았나 생각된다.

그런데도 적지 않은 목회자들이 말씀을 연구하고 가르치는 일보다 다른 일에 몰두하는 것은 안타까운 일이다. 에밀 브루너(Emil Brunner)는 말씀을 연구하는 목사의 연구실이 수많은 사회적인 일을 위한 사무실로 바뀌었다고 아쉬워하면서 이러한 일은 에서가 팥죽 한 그릇에 장자의 명분을 팔았던 일과 같다고 개탄했다. 사도들도 이와 같은 사실에 대하여 동일한 언급을 했다.

> 열두 사도가 모든 제자를 불러 이르되 우리가 하나님의 말씀을 제쳐 놓고 접대를 일삼는 것이 마땅하지 아니하니(행 6:2).

설교와 가르침은 목회자의 직무 중에서 가장 중요하고 우선적인 일이라는 사실을 모든 목회자가 잠시도 잊어서는 안 될 것이다(딤후 2:15).

1. 말씀과 목회자의 권위

목회자는 신자들을 말씀으로 인도한다. 모세가 이스라엘 백성들을 가나안으로 인도한 것처럼 목회자도 하나님의 백성들을 천국으로 인도한다. 그리고 목회자가 신자들을 인도하는 수단은 바로 하나님의 말씀이다. 그러므로 목회자는 말씀의 전문가가 되어야 한다. 다른 것은 몰라도 성경의 해석과 설교에 대해서만큼은 권위를 지킬 수 있어야 한다.

말씀은 천국으로 가는 길을 제시하는 지도와 같다. 그러므로 목회자가 이 지도를 잘 읽고 해석하지 못하면 신자들을 엉뚱한 길로 인도할 수밖에 없으며 그의 인도자의 역할은 실패할 수밖에 없다. 이와 같은 사실에 대하여 예수님은 맹인이 맹인을 인도하면 둘 다 구덩이에 빠진다고 경고하셨다(눅 6:39).

1) 목회자의 권위

목회자의 권위는 말씀에서부터 나온다. 말씀을 온전히 전해주고 말씀을 바로 가르칠 때 말씀이 목회자에게 권위를 부여해 준다. 많은 목회자가 목회자의 권위를 말씀 이외에 다른 데서 찾으려고 시도하지만 결국은 실패하고 만다. 목회자가 말씀에 집중하지 않는 현상을 목회자의 외도라고 불러도 좋을 것이다. 외도하는 목회자들은 말씀 외에 다른 것에 더 큰 관심이 있다. 설교와 성경을 가르치는 일은 대강하고 더 큰 노력을 다른 데 쏟는다.

한국교회에는 심리학이나 사회복지학을 열심히 배우고 연구하는 목회자들이 많으며 아니면 소위 성령 운동이나 은사 운동에 빠지는 목회자도 적지 않다. 물론 심리학적인 지식이 인간을 이해하는 데 있어서 많은 도움을 주는 것은 사실이지만 그것이 말씀보다 우선할 수가 없고, 사회복지학이 교회의 봉사 활동에 도움이 될 수 있지만 그것이 성경이 추구하는 교회 공동체의 본질은 아니다.

그리고 목회자에게 아무리 신비한 은사가 있고 놀라운 권능이 있다고 해도 그것으로 말씀을 대신할 수는 없다. 실상 모든 목회자가 기대하는 성령의 역사는 말씀과 함께 임한다. 말씀이 바로 전해지는 곳에 성령의 역사가 있다(행 10:44). 성령은 언제나 말씀과 함께 일하신다. 그러므로 목회자가 성경 연구를 소홀히 하면 말씀에 대한 지식이 일천하게 되고 그의 가르침도 피상적으로 될 수밖에 없다. 따라서 성령의 역사도 기대할 수가 없다. 목회자의 참된 권위는 오직 말씀으로부터 오는 것임을 기억해야 한다.

2) 필자의 경험

필자는 충청도의 한 농촌 교회에서 처음 목회를 시작했다. 서울에서 기차를 타고 3시간을 내려가서 또 버스를 타고 30분 정도 가면 면 소재지가 나오는데, 그곳에서 4, 50분 정도 걸어 들어가면 작은 마을에 교회가 있다. 그 교회에는 장로님 한 분과 다섯 분의 남자 집사님들과 10여 명의 여자 집사님들이 있었다.

장로님은 당시 60대 초반이었는데 너무나 겸손한 분이셨다. 아들 같은 전도사를 만나면 언제나 멈춰 서서는 앞으로 손을 모으고 90도 각도로 인사를 하셨다. 장로님이 이렇게 하시니 나이가 많은 다른 남자 집사님들도 똑같이 그렇게 인사를 했다. 목회자라고 해서 정말 지나친 대접을 받았다.

그리고 5년 후에 그곳을 떠나 한 도시 교회의 부목사로 부임을 했다. 부임하자마자 엄청난 일을 만나게 되었다. 원래 있던 부목사 실을 갑자기 폐쇄하고 좁은 교회 사무실에서 함께 일하게 했으며 나를 위하여 구멍이 뚫린 헌 책상 하나를 놓아주었다. 그리고 사례비도 전임자에 비하여 엄청나게 깎아서 주었다. 전혀 예상치 못한 일이었다.

그리고 얼마 후에 또 엄청난 일을 겪었는데 한 장로님이 예배실에서 나를 부르는데 아이들을 부르듯이 오라고 손짓을 했다. '설마 나를 저렇게 부를까!' 생각하고 뒤를 돌아봤지만 아무도 없었다. 의자를 옮겨

달라고 불렀다.

그날 나는 깊은 생각에 빠졌다. 이 교회에서 부목사로 지내는 것이 그렇게 쉽지 않을 것이라는 사실과, 또 이곳에 있는 동안 모든 것을 감수하고 그냥 직장인처럼 월급이나 받으며 살 것인가 아니면 진정한 목회자로 살 것인가를 고민했다. 그와 같은 상태로서는 목회자의 역할을 감당하기가 매우 힘들다고 생각했기 때문이다(딤전 4:12). 그러면서 '목회자로 살아가려면 어떻게 해야 할 것인가?'라는 긴 고민 끝에 그 길은 곧 말씀을 권위 있게 전하는 것이라는 결론에 도달했다(딛 2:15).

불행인지 다행인지, 당시 그 교회는 부목사도 담임목사와 똑같은 분량의 설교를 해야만 했다. 부목사이면서도 주일 1부 예배와 주일 저녁에 있는 각부 헌신 예배에서 대부분 설교를 하고, 또 2부 삼일 기도회 설교를 매주 수요일마다, 2부 새벽 기도회 설교를 매일 새벽마다 해야만 했다. 낮에는 교회의 행정적인 업무를 하고 또 각 가정을 심방하는 일을 했기 때문에 설교 준비는 주로 저녁이나 한밤중에 해야만 했다.

물론 목회 초기부터 목회자는 설교에 최선을 다해야 한다는 원칙을 가지고 있었지만 이에 더하여 이 교회에서 목사로 살아남기 위한 유일한 길은 설교밖에 없다는 사실을 알았기 때문에 설교 준비는 정말 나에게는 목회자로서 생존의 문제였다. 그래서 어떤 때는 새벽까지 설교 준비를 하느라고 코피를 쏟기도 했다. 그렇다고 해서 목사의 권위를 위한 것이 설교 준비를 열심히 하는 이유 전부는 아니었다. 말씀을 듣지 못하고 유리하는 신자들에 대한 긍휼도 없지 않았다(마 9:36).

이렇게 해서 4개월 정도가 지났을 때 당회에서 갑자기 부목사 취임 예배를 드린다고 했다. 그러면서 취임 선물로 양복을 한 벌 해주고, 폐쇄하였던 부목사실도 열어주고 또 사례비도 많이 올려주었다. 전혀 예기치 못했던 일이었다. 그리고 그 후에는 장로님들도 나를 함부로 대하지 않고 어려워했으며 신자들에게는 많은 존경과 사랑을 받게 되었다. 말씀의 권위로 찾은 목회자의 위치라고 생각한다.

2. 설교와 성경 공부

칼 바르트(K. Barth)는 설교의 목적은 본문을 해석하는 것이라고 하면서 설교자의 역할에 대하여 다음과 같이 말했다.

> 설교자는 교인을 즐겁게 해주거나 사로잡거나 하기 위해서가 아니라 교인을 구원의 메시지에 직면시키기 위해서 부름을 받은 자이다. 설교자는 하나님 말씀의 대변자이지 쇼를 부리는 연기자나 장사꾼이 아닌 것이 분명하다.

도널드 불러쉬(Donald G. Bloesch)도 비슷한 말을 했다. 즉 설교자는 복음을 변호하거나 증명하려고 하지 말고 복음을 지성적으로 명료하게 선포하여야 한다는 것이다. 칼 바르트나 도널드 불러쉬가 동일하게 주장하는 것을 한마디로 말하면 설교는 하나님의 말씀을 단순하고 명확하게 전달해 주는 일이라고 할 수 있다. 기교나 회중의 반응보다는 얼마나 정확하고 알기 쉽게 말씀을 전달해 주느냐가 목회자가 설교를 준비할 때마다 명심해야 할 일이다.

1) 가장 좋은 설교

필자가 신학교에 다니던 시절에는 여의도에 있는 큰 교회와 그 목사님의 설교 스타일이 많은 신학생의 모델이 되기도 했다. 그 목사님의 목소리에 힘이 있고 설교의 흐름에 거침이 없었기 때문이다. 당시 많은 신학생에게 그와 같이 설교를 하고 또 그와 같은 교회를 만드는 것이 소원이었는지도 모른다. 기숙사 같은 방에 있던 한 친구는 그 목사님의 흉내를 얼마나 잘 내던지 그것을 보고 듣던 동료들이 감탄했던 적이 있다.

필자는 내성적이라 어려서부터 다른 사람 앞에 서는 것 자체를 힘들어 했으며 사람들 앞에서 뭔가 이야기를 하는 것은 더욱 부담스러운 일이었다. 목회를 시작한 후에도 이러한 문제는 큰 고민거리가 되었다. 같은 말이라도 멋있게 하고 유창하게 해야 하는데 그렇게 할 수가 없었기 때문이다. 그래서 목회 초기 전도사 시절에는 한때, 웅변학원에 다녀볼까라는 생각을 하기도 했다.

물론 이런 생각은 오래지 않아서 철회되었다. 그 당시에 놀라운 사실을 깨닫게 되었기 때문이다. 그 깨달음은 설교를 유창하게 하는 것보다는 하나님의 말씀을 알아듣기 쉽도록 정확하고 분명하게 해석해 주는 것이 설교자의 첫째 되는 임무라는 깨달음이었다.

목소리가 어떻든지, 말을 더듬든지, 인간적인 약점이 아무리 많다고 해도 말씀을 온전하게 해석하고 전해주는 것이 설교자의 임무이며(고후 2:17) 말씀이 바로 전해지는 곳에 성령이 역사하신다는 확신을 가지게 되었다(행 10:44). 이러한 생각의 결과로 말을 유창하게 하지 못하는 데 대하여 자유롭게 되었으며 그때부터 평안한 마음으로 설교를 준비하고 전할 수 있게 되었다. 가장 좋은 설교란 말씀의 뜻을 올바로 해석하고 그 말씀을 신자들의 삶에 바르게 적용할 수 있도록 해주는 설교이다.

2) 설교와 성경 공부의 차이점

설교와 성경 공부는 구별되어야 한다. 설교는 하나님의 말씀을 선포하는 행위라면 성경 공부는 그 말씀을 가르치는 행위이다. 물론 설교도 가르치는 기능이 포함되고 성경 공부도 선포하는 기능이 포함되지만 설교는 일방적인 선포라는 점에서 독특하다. 예수님께서 씨 뿌리는 비유에 대하여 말씀하신 적이 있다. 성지에서는 우리나라처럼 씨앗을 하나하나 심지 않고 바람에 씨를 날려 버린다. 그러면 그 씨앗이 여러 종류의 땅에 떨어져서 갖가지 반응이 나타난다(마 13:3-8).

설교는 언제나 일방적이다. 바람에 씨를 날려서 뿌리듯이 말씀을 뿌리면서 들을 자는 듣고 듣지 않을 자는 듣지 말라는 식이다(마 13:9). 그러나 성경 공부는 다르다. 성경 공부는 가르치는 것이며 이때는 여러 가지 방법으로 이해시키고 설득한다. 또 성경 공부 시간에는 얼마든지 질문도 할 수 있으며 어떤 질문이든지 다 용납된다. 그리고 설교는 주로 주일 예배에서 시행되지만, 성경 공부는 그 외의 다른 집회에서 시행된다.

　필자의 교회에서는 주일 오후 모임을 사경회라고 하고 그 시간에 성경 공부를 한다. 이때는 책상이 준비된 특별한 장소에서 잠시 기도한 후에 본문을 읽고 바로 성경 공부에 들어간다. 또 자유로운 분위기에서 커피도 마시고 과자나 과일을 먹으면서 공부를 할 수 있게 했다. 성경 공부 시간에는 여러 가지 참고서는 물론 스크린과 같은 도구를 이용하여 긴 시간 집중하여 교육한다. 말 그대로 사경회 시간이다.

　사경회 시간을 이처럼 자유롭게 하는 것은 이 시간을 예배 시간과 구별하기 위한 목적도 있다. 예배 시간은 그만큼 엄격하게 하지만 성경 공부 시간은 대학의 강의 시간처럼 비교적 느슨하게 운영한다. 그렇다고 해서 집중도가 떨어지는 것은 결코 아니다. 오히려 한 시간 동안 깊이 있는 성경 공부가 가능하게 된다.

3. 말씀에 대한 확신

　목회자는 설교에 대하여 자유로워야 한다. 설교의 주제를 선정하는 것과 그 내용을 준비하는 데 있어서 어느 누구의 간섭을 받거나 어느 누구의 눈치를 봐서도 안 된다. 신앙과 양심에 따라 하나님이 어떤 말씀을 전하시기를 원하시는지 생각하면서 소신 있는 설교를 해야 할 것이다.

　그리고 목회자는 자신이 전하는 말씀에 대한 확신이 있어야 한다.

자기가 전하는 말씀이 생명의 말씀이요 능력의 말씀이라는 확신이 없다면 그의 설교는 무능한 것이 된다. 말씀에 대한 확신은 목회자를 강하게 만들며 또한 그가 전하는 말씀을 능력 있게 만든다. 말씀은 어떠한 경우에도 변질될 수 없으며 타협의 대상이 될 수 없다.

1) 설교자의 소신

필자가 목회하는 동안 설교의 내용과 관련하여 여러 가지 말을 듣곤 했다. 그 말 가운데는 듣기 좋은 말도 있지만 듣기 싫은 말도 있었다. 한 번은 불가피하게 정치적인 문제와 관련된 설교를 하게 되었는데 한 신자가 자신의 정치적인 성향에 따라 엉뚱한 판단을 하고 필자의 설교를 문제 삼았다. 이 신자는 목사의 설교를 비난하면서 교회에 출석하지 않았는데 이 사실은 신자들에게 매우 안 좋은 영향을 끼치게 되었다. 그 설교를 다시 들어보았지만, 신학적으로, 양심적으로 문제 될 곳은 하나도 없었다.

필자는 이 문제를 정면으로 대항해야겠다고 판단하고 집사들을 다 불러놓고 녹음된 당시의 설교를 다시 한번 들려주며 문제가 되는 곳을 지적해 보라고 했지만, 누구 하나 말하지 못했다. 결국, 아무 문제가 없는 설교라는 사실이 판명되었으며 설교를 문제 삼았던 그 사람도 몇 개월 후에는 다시 교회에 출석하게 되었다. 설교자는 자신의 설교에 대하여 언제나 당당해야 하며 또한 책임을 질 수 있어야 한다. 어떤 경우에도 설교의 내용을 타협해서는 안 된다.

2) 말씀과 상황

목회자가 신자들을 말씀으로 지도할 때에 언제나 말씀과 상황이 충돌하는 경우를 만난다. 이때 목회자의 마음이 흔들리면서 신자들에게 말씀의 원칙보다는 상황을 따라 살도록 허용하려는 유혹을 받게 된다.

필자는 목회 초기부터 항상 주일성수를 강조했다. 전도사 시절, 농촌 교회에 부임한 지 얼마 되지 않았을 때, 어느 날 장로님이 사택으로 찾아오셔서 몹시 어렵게 말을 꺼냈다. 신자들로부터 전도사에게 이 문제를 건의하고 오라고 떠밀려 오신 것이었다. 말씀인즉 매년 모내기 철만큼은 신자들에게 주일이라고 하더라도 자기 논에 모내기할 수 있도록 허용해 달라는 것이었다.

당시 농촌에서는 마을의 모든 사람이 함께 품앗이로 모내기를 했는데 그 차례는 미리 의논하여 정했다. 신자들은 처음에 주일을 피하여 날짜를 잡지만 모내기 기간에 비가 오게 되면, 그 날짜가 뒤로 밀려서 신자들 논의 모내기 날짜가 주일이 될 수도 있었다. 이때 다른 가정에 양보하면 모내기가 또 밀려나게 되어 손해가 날 수 있다는 것이었다. 모내기는 빨리할수록 좋은데 마냥 뒤로 미룰 수가 없었기 때문이다.

장로님의 말을 듣고 필자는 그 일에 대하여 이해는 할 수는 있었지만 절대 그 일을 허용할 수는 없었다. 그래서 장로님에게 그 이유를 이렇게 말했다.

첫째, 농사를 주관하시는 분은 하나님이시며 모내기가 며칠 미뤄지는 데 따른 손해는 하나님이 꼭 채워주실 것이다.

둘째, 비록 손해가 난다고 하더라도 신자가 예배드리는 시간에 논에 나가 있다는 것은 하나님께 합당하지 않다.

셋째, 그 일은 안 믿는 사람들 앞에서 하나님의 영광을 가리는 창피한 일이다.

넷째, 교회 나가서 예배를 드리는 일은 모내기하는 일보다는 덜 중요한 일이라는 잘못된 메시지를 불신자들에게 심어줄 수 있다.

당시 장로님은 어두운 얼굴로 돌아갔지만, 대부분 신자는 전도사의 말에 순종했다. 그해에 대풍을 거두고 우리 교회는 처음으로 온전한 추수감사절을 지켰다. 즉 신자들이 수확된 곡식의 온전한 십일조를 드렸다. 교회에 쌀가마니를 쌓을 곳이 없게 되자 그해에 신자들의 헌금으로 예배당을 수리하고 조그만 창고까지 지을 수가 있었다.

당장 신자들의 형편에 도움이 되도록 판단하는 것이 유익하게 보일지라도 목회자는 하나님의 말씀을 따라 원칙을 굽혀서는 안 된다. 이 일을 통하여 말씀에 순종하는 사람들에게 하나님께서 복을 내려주신다는 사실을 목회자와 모든 신자가 함께 체험하게 되었다.

3) 가르침의 한계

목회자의 설교나 말씀에 대한 가르침이 만능은 아니다. 목회 초기에 필자는 이런 생각을 했다. 신자들이 잘못된 삶을 살고 신자로서 합당한 행동을 하지 못하는 것은 말씀을 제대로 배우지 못해서 그렇다는 생각이었다(호 4:6). 따라서 말씀만 잘 가르치면 신자들이 얼마든지 새로운 사람이 될 수 있으며, 교회가 이렇게 혼란스러운 것은 100% 목회자의 책임이라고 장담했다. 이렇게 생각한 결과, 정말 열심히 말씀을 가르치고 성경 공부에 모든 것을 다 걸었다.

그러나 이상하게도 그 결과는 생각했던 것과는 많은 차이가 났다.

'몰라서 그렇다고 생각했기 때문에 알게 했는데 왜 그들의 삶이 달라지지 않는가?'

그때 많은 좌절과 실망을 겪었다. 당시에는 믿음이 지식으로만 되는 것이 아니라는 사실을 몰랐으며(고전 8:1-2) 또 사람들의 마음 밭에 대해서도 인식이 부족했다(마 13:3-8).

필자가 교회 개척을 시작했을 때, 1년도 안 되어 신자들이 6, 70명으로 불어났다. 이러다가는 얼마 되지 않아서 교회가 엄청나게 부흥될 것이라는 허황한 기대가 생겼다. 역시 성경 공부는 만능이라는 생각이 강화되었으며 밤낮으로 열심히 성경을 가르쳤다. 그리고 신자들이 변화되고 있다고 생각했다.

그런데 이게 웬일인가?

교회 운영에 대하여 목회자와 의견의 충돌이 생기자 주동자들은 모든 신자를 충동하여 교회를 이탈함으로써 교회는 하루아침에 3분지 1토막이 나고 말았다. 너무나 황당한 일이었다.

사실 가르쳐도 안 되는 경우가 얼마든지 많다. 아무리 가르쳐도 자기의 잘못된 생각을 버리지 않는 신자들이 비일비재하다. 이들의 마음은 돌밭과 같아서 아무리 말씀의 씨앗을 뿌려도 절대로 변화되지 않는다. 필자는 이 사실에 대하여 지나치리 만큼 어리석었다. 그래서 결국은 자신에게 속았다. 목회자는 성경 공부가 만능이 아니라는 사실을 결코 잊어서는 안 된다.

그렇다고 해서 성경 공부가 불필요하다는 것은 더욱 아니다. 특별하지는 않지만, 필자의 목회 열매는 대부분 성경 공부의 결실이라는 사실을 부인할 수 없다. 다만 인간에 대한 지식이 부족했으며, 말씀 가운데 역사하시는 성령의 권능에 대한 인식이 부족했다는 것을 고백할 수밖에 없다. 하나님이 도와주지 않으시면 절대로 사람이 변화되는 것은 불가능하다(고전 12:3).

이후로는 모든 결과를 하나님께 맡기고 겸손히 최선을 다하여 말씀을 가르치는 일을 했다. 이때부터 헛된 인간적인 망상에서 깨어나게 되었고 목회에 대하여 진정한 자유를 누릴 수 있게 되었다. 목회자는 목회의 결과는 하나님께 맡기고 쓰적쓰적 말씀의 씨앗을 뿌리는 자가 되어야 한다.

4) 목회자와 독서

목회자에게 있어서 독서의 습관은 아무리 말해도 지나치지 않다. 꾸준한 독서와 연구가 없다면 그에게 풍성한 설교와 가르침을 기대하는 것은 무리이다. 목회자에게는 독서가 생활화되어야 한다. 상황에 따라 필요한 책을 골라 읽어야 하겠지만 특별히 어떤 주제에 대하여 집중적인 독서가 필요한 때도 있다.

필자는 목회 초기에 성령론에 대한 많은 의문을 가졌다. 청년 시절이나 신학교에 다니면서 기도원에도 많이 다니고 부흥회도 많이 참석하였지만, 여전히 성령에 대한 풀리지 않는 질문들이 많았다. 특별히 성령의 은사에 대한 문제는 목회자가 반드시 짚고 넘어가야 할 문제였다. 그래서 목회를 시작하던 초기에 거의 1년 동안 성령에 관한 책만 집중적으로 읽으면서 지금까지의 체험과 결부하여 성령론을 정리했다. 이 일로 인하여 목회하는 동안 한 번도 성령에 대한 문제로 휘둘리지 않을 수 있었다.

그 밖에도 목회자들이 기도론과 교회론, 재림론 등 목회와 관련된 여러 가지 분야에서 의문을 제기하고 그것을 집중적으로 연구하고 정리하는 일은 꼭 필요한 일이라고 본다. 사람은 자신이 분명히 알지 못하는 것을 확신할 수 없으며 또 그것을 분명히 가르칠 수도 없다. 이렇게 되면 결국 소경이 소경을 인도하는 일이 될 수밖에 없다.

설교를 준비할 때는 본문이 정해지면 먼저 주석이나 사전을 읽어서 그 의미를 정확하게 파악하는 일이 중요하고 또 설교의 내용을 풍성하게 하려고 다른 목회자의 설교나 강해를 많이 읽는 것도 큰 도움이 된다. 필자는 목회 초기에 한경직 목사님의 설교 전집을 구입하여 읽었으며 또 많은 목회자들의 설교를 방송으로 듣기도 하였는데 이러한 시간은 헛된 시간이 아니었다.

제2장

예배의 집례

신자의 삶을 가장 단순하게 표현한다면 "예배자로서의 삶"이라고 할 수 있다. 신자의 삶에 있어서 가장 중요한 일은 예배이기 때문이다. 예배는 하나님을 섬기는 일에 첫발을 떼는 행위이며, 하나님을 하나님으로 인정하고 그 앞에 나아가 경배하는 행위이다. 따라서 신자와 불신자의 가장 명확한 구분이 있다면, "예배를 드리는 사람은 신자이고 그렇지 않은 사람은 신자가 아니다"라고 할 수 있다.

신자는 매 주일 하나님께 나와서 하나님을 찬양하고 경배하며, 그 말씀을 듣고 말씀에 순종하는 삶을 결단하고 실행한다. 예배가 없는 신앙생활이란 불가능하다. 그래서 루터는 "예배는 하나님을 섬기는 가장 구체적인 행위"라고 했다.

목회자의 가장 중요한 직무 가운데 하나는 예배를 집례하는 일이 되는 것이 당연하다. 예배가 신자들에게 있어서 가장 중요한 일이라면, 예배를 집례하는 일은 당연히 목회자에게 있어서 가장 중요한 일이 된다. 목

회자는 매 주일 신자들에게 가장 복된 예배를 드리도록 해야 한다

1. 예배의 이유

예배의 이유는 크게 두 가지이다.

첫째, 하나님은 "자신을 창조하신 하나님"이시기 때문이다.

둘째, 하나님은 "자신을 구속하신 하나님"이시기 때문이다.

그래서 예배는 창조와 구속의 하나님께 경배하며 감사를 드리는 일이다.

하나님은 세상을 창조하셨으며 모든 사람을 하나님의 형상을 닮은 유일한 존재로 이 땅에 살게 하셨다. 자신을 창조하신 하나님께 경배하는 일은 이 땅에 존재하는 모든 사람이 해야 할 일이다. 장차 심판대에서 "나는 구원을 받지 못했습니다. 그래서 하나님을 찬양하지 않았습니다"라는 말은 통하지 않는다. 사람으로 창조된 이상 "창조주 하나님"께 대하여 예배의 의무를 지기 때문이다.

예배는 또한 구속의 하나님께 경배와 찬양을 드리는 일이다. 하나님은 죄악으로 멸망할 인생을 구원하여 주셨다. 그리스도를 세상에 보내시고 그를 우리를 대신하여 십자가에 희생시킴으로써 우리의 죄를 대속하게 하시고, 우리를 하나님의 자녀가 되게 하시고, 천국의 시민이 되게 하셨다. 그래서 하나님을 믿는 사람들은 한 주간을 사이클로 하나님께 나와서 "창조와 구속의 하나님"을 찬양하며 경배를 드린다.

첫 번째 예배의 이유, 즉 창조주 하나님을 경배하는 일은 이 세상의 모든 인류를 향한 예배의 이유라고 한다면, 두 번째 예배의 이유, 즉 구속주 하나님을 경배하는 일은 구원받은 신자들을 향한 예배의 이유라고 할 수 있다. 구약성경에는 안식일을 지켜야 할 이유를 두 가지로 제시하고 있는데 "하나님의 창조를 기념하는 것(출 20:8-11)"과 "하나님의 구속을 기념하는 것(신 5:12-15)"이다.

2. 예배 고안

예배를 고안한다는 것은 예배의 내용과 순서를 만드는 일이다. 같은 예배이지만 목회자가 그 예배를 어떻게 고안하느냐에 따라 예배가 풍성해지기도 하고 빈약해지기도 한다. 예배는 하나님의 거룩하심과 자비하심을 드러내며 십자가의 복음을 핵심에 포함하고 있어야 한다.

1) 한국교회 예배의 문제점

예배를 고안하는 일에 참고하기 위하여 우리 한국교회 예배의 아쉬운 점을 몇 가지만 들어본다.

첫째, 예배와 다른 집회가 서로 차이가 없다.
이것은 목회자들의 예배에 대한 인식이 매우 얕다는 사실을 반영한다. 많은 목회자가 예배와 다른 신앙적 집회를 잘 구별하지 못하는 것 같다. 그래서 모일 때마다 똑같은 형식의 모임을 한다. 곧 찬송하고 기도하고 설교하는 것이다. 주일 낮에도, 주일 밤에도 또 삼일 기도회에도, 새벽 기도회에도 별 차이가 없다.

주일 예배와 다른 집회는 구별되어야 한다. 예배는 예배로서 고안되어야 하고 다른 집회들은 또 그것대로의 목적을 위하여 고안되어야 한다. 예배는 하나님을 경배하고 찬양하는 일이다. 그래서 예배는 예배로서의 내용과 엄격한 형식을 갖추어야 한다. 그러나 다른 집회, 즉 기도회나 사경회, 혹은 구역회와 같은 모임은 예배라기보다는 신앙의 유익을 위하여 가지는 신앙적 모임, 즉 종교적 집회이다. 그러므로 이때는 어떤 절차나 형식이 필요치 않다.

목회자가 예배와 다른 집회를 구별하지 않게 되면 그만큼 예배의 격이 떨어지게 되고 신자들의 예배에 대한 인식도 낮아지게 된다. 외국의 목회자들이 한국교회의 예배에 참석한 후에 이구동성으로 하는 말이 "한국교회에는 집회는 많은데 예배는 없다"라는 말이라고 한다. 이 말은 한국교회 목회자들이 깊이 새겨들어야 하는 말이다.'

둘째, 예배에 신비성이 없다.

모든 종교의 의식에는 신비함이 있는데 이것은 너무나 당연한 일이다. 종교란 보이는 물질적인 세계를 다루는 것이 아니라 보이지 않는 영적인 세계를 다루기 때문에 필연적으로 신비할 수밖에 없다. 불교도 그렇고, 힌두교도 그렇고, 이슬람도 그렇고, 심지어 샤머니즘도 신비하기는 마찬가지이다.

그러나 우리 기독교는 전래하여 오던 예배 의식에서 모든 신비함을 다 걷어내어, 그것을 지나치게 단순화하고 지나치게 이성적으로 만들고 말았다. 그 결과 어떤 의미에서는 예배가 사회자를 따라서 무슨 강연회나 기념식을 하는 것과 같은 무미건조한 종교행사가 되고 말았다.

기독교 신앙과 의식에 있어서 신비주의는 경계해야 하지만 신비함은 얼마든지 장려되어야 한다고 본다. 이러한 삭막한 이성주의 예배를 보완하기 위하여 무리한 성령 운동과 무분별한 찬양을 도입하기도 하지만 이런 일은 오히려 예배를 천박하고 혼란스럽게 만들 우려가 있음을 알아야 할 것이다.

셋째, 예배가 지나치게 설교 중심적이다.

예배는 곧 설교를 듣는 시간이라는 공식이 가능할 만큼 대부분 시간이 설교 시간이며, 예배의 나머지 시간을 양념처럼 기도와 찬송이 중간 중간 채우고 있다. 설교 중심의 예배는 이성만 가지고 예배를 드리게 하며, 예배자의 행위가 지나치게 소극적으로 된다. 한 시간 동안 가만히 앉아 있기만 하면 예배가 끝난다.

그러나 예배는 경건하게 드리면서도 온몸을 활용하는 것이 바람직하다. 입으로 찬송하고, 눈을 감고 묵상하고 기도하며, 귀로 설교를 듣고, 마음으로 생각을 하며, 또 앞으로 걸어나가서 성찬의 떡과 포도주를 먹고 마시고, 앉기도 하고 일어서기도 하면서 온몸을 다 사용하는 예배를 드릴 때 이러한 예배를 참여하는 예배, 혹은 활성화된 역동적인 예배라고 할 수 있을 것이다.

넷째, 예배의 대상이 되시는 하나님의 자리가 너무나 빈약하다.

한국교회의 예배는 누가 누구에게 예배를 드리는지 분명하지 않다.

더 나아가서 예배가 하나님을 향한 것이라기보다는 사람을 향한 것이라는 생각이 들기도 한다. 하나님을 향한 엄숙함이나 경건함보다는 사람들끼리의 소통만 있을 뿐이다.

필자가 오래전에 러시아를 방문해서 정교회 예배에 여러 번 참석한 적이 있다. 그들의 예배는 처음부터 나중까지 사제가 제단을 향하여 예배하며 회중을 바라보는 시간은 예배가 끝나고 잠시 권면을 하는 시간뿐이었다. 그들의 예배는 예배의 방향이 너무나 분명했다. 그래서 지금 하나님 앞에서 무엇인가가 이루어지고 있다는 생각이 들었다. 물론 신학적으로 우리 개신교회와 차이가 있지만 그럼에도 많은 생각을 하게 되는 예배였다.

필자의 교회는 예배 시간에 기도하는 사람은 강단 아래에서 강단을 향하여 기도하도록 하고 있다. 또 집례자가 헌금을 봉헌하는 시간에도 강단을 향하여 기도한다. 그러나 성경을 봉독하는 사람은 강단에 올라와 회중을 향하여 성경을 봉독하고, 물론 설교도 회중을 향한 자세로 설교한다. 꼭 이렇게 하지 않는다고 신학적으로 문제가 되는 것은 아니지만 이와 같은 예배 순서의 배려는 예배자들에게 예배의 방향과 목적을 다시 한번 인식하게 하는 계기가 되고 있다.

2) 예배 고안의 원칙

예수님께서는 사마리아 여인에게 "하나님은 영이시니…영과 진리로 예배할지니라"(요 4:24)라고 하셨다. 영으로 예배하라는 말씀이 성령의 인도하심 혹은 성령의 역사하심을 따라 예배하라는 말씀이라면, 진리로 예배하라는 말씀은 하나님께 합당한 예배, 복음에 합당한 예배, 성경에 합당한 예배를 드리라는 말씀으로 해석할 수 있다. 목회자는 진리의 예배를 고안해야 한다.

예를 들어, 어떤 교회가 예배 시간에 한 사람씩 강단으로 나와 십자가 앞에 절을 하는 순서를 가진다면 이 예배는 "진리의 예배" 즉 진리에 입각한 예배가 될 수 없다. 이런 일은 십자가를 우상으로 섬기는 행위에 해당하기 때문이다. 그러므로 예배는 사람의 눈에 좋게 보이는 방식이 아니라 하나님의 말씀에 합당한 방식의 예배가 되어야 한다. 이것이 진리의 예배이다.

어떤 예배가 진리의 예배인가를 판단하기 위하여, 또 어떤 예배가 하나님께 경배하는 행위에 가장 적합한 예배인지를 결정하기 위하여 목회자에게는 예배학에 대한 깊은 지식과 끊임없는 연구가 필요하다. 그래야만 하나님께 더욱 합당한 예배를 고안할 수가 있다.

이제는 목회자가 예배를 고안하는 데 있어서 고려해야 할 3가지 원칙을 말한다.

첫째, 예배의 본질과 거리가 먼 요소들은 예배의 순서에서 삭제한다.

예배는 하나님께 경배하는 일이라는 원칙에서 볼 때, 새 신자를 환영하는 일이나 광고를 하는 일 등은 순서에 없어도 문제가 되지 않는다. 물론 이런 순서를 넣는다고 해서 잘못되는 것은 아니지만 이런 순서들은 예배의 밀도를 희석하며 예배의 집중도를 낮추는 계기가 된다. 광고 시간에 예배 분위기가 소란하게 되는 일이 많고 또 새 신자를 환영하며 손뼉을 치는 행위는 하나님을 향한 예배의 방향을 교란할 수 있다.

그렇다고 해서 주일 예배에 새 신자를 환영하는 시간이나 광고 시간을 없앨 수도 없다. 이렇게 되면 새 신자를 소홀히 한다는 인식을 줄 수 있고 또 회중에 꼭 알려야 하는 내용이 있을 때도 문제가 된다. 이 문제를 해결하기 위하여 필자의 교회에서는 예배가 시작되기 전에 광고나 새 신자를 환영하는 순서를 가지고, 시상을 하거나 선물을 주는 일 등도 이때 한다. 이렇게 하면 전체 예배 시간도 짧아져서 예배의 집중도를 높이는 데 많은 도움이 된다.

둘째, 예배의 요소들을 나누고 그것들을 함께 묶는다.

찬양, 기도, 말씀, 헌금, 성찬 등과 같은 예배의 요소들을 산만하게 흐트러뜨리지 말고 함께 모아놓으면 예배의 진행이 효과적이 되고 또 예배의 집중도도 높일 수 있다.

예배의 요소 가운데 "기도"의 예를 들면 이 가운데 참회의 기도, 회중 기도, 주기도 등이 포함될 수 있다. 그런데 이런 기도들을 예배 순서 중에 분산시키지 말고 함께 모아 놓으라는 말이다. 참회의 기도를 드린 후에 바로 회중 기도를 하고 그 후에 바로 주기도를 하도록 하는 방법이다. 이런 식으로 하면 예배가 4, 5개의 덩어리로 나뉘게 되는데 이렇게 되면 예배의 주제가 더욱 분명해지고 뚜렷하게 된다.

셋째, 예배 순서에 평신도를 많이 참여하게 하는 방법이다.

대부분의 교회는 주일 예배 순서에 평신도의 기도 순서를 두는데 이것이 평신도가 예배에 참여하는 부분의 전부이다. 그 밖의 모든 순서는 목회자가 감당하고 있다. 그러나 예배 순서 가운데 평신도를 많이 참여시키면 예배가 더욱 활기차고 역동적으로 된다. 필자의 교회에는 구약성경과 신약성경 봉독자 2명, 기도자 1명, 헌금 봉헌자 1명 등 매 주일 4명의 평신도가 예배 순서에 참여한다.

3) 예배와 성만찬

찬송하고 기도하고 설교하는 것은 모든 종교의 예배에 있어서 공통적이다. 그러나 성만찬은 오직 기독교 예배에만 있는 고유하고 독특한 예배의 내용이다. 제임스 화이트(James White)는 "기독교 예배에서 성만찬을 제외하고 나면 그 예배는 기독교 예배의 특징을 상실하고 유대교의 회당 예배로 전락하고 만다"고 했다. 그런데도 우리는 지금 불행하게도 폴 틸리히(Paul Tillich)의 말처럼 "성례전의 죽음의 시대"에 살고 있다. 성례전이 교회에서 너무나 소홀히 취급되고 있다는 말이다.

설교와 성만찬은 예배의 두 기둥이다. 성만찬은 복음의 핵심이며 설교는 성만찬에 대한 해석이다. 성만찬이 없는 예배는 반쪽 예배라고 해도 과언이 아니다. 그래서 윌리엄 버클레이(William Barclay)는 "신자가 말씀보다 성만찬에 치중하거나 또 성만찬보다 말씀에 치중한다면 반쪽 진리의 사람이 된다"고 했다. 성만찬은 설교와 함께 예배의 중심이 되어야 한다.

성만찬은 또한 교회를 지켜주는 보루이다. 에밀 부르너(Emil Brunner)는 "성만찬은 교회의 붕괴를 막아주는 놋 성벽"이라고 하였으며 포사이드(F. T. Forsyth)는 "교회생활의 중심은 성만찬에 있으며, 이 성만찬이 사회적 결속을 만든다"고 했다. 필자는 잘 준비된 한 편의 설교보다 잘 준비된 한 번의 성만찬이 더 큰 능력이 있다고 생각한다.

예배의 역사를 고찰해 보면 초대 교회 때부터 말씀과 성만찬은 언제나 예배의 두 축을 이루고 있었다. 성도들은 안식 후 첫날에 함께 모여 사도들의 말씀을 듣고 떡을 떼었다(행 2:42). 이 사실에 대하여 윌리엄 맥스웰(William Maxwell)은 다음과 같이 말했다.

> 말씀을 듣는 것과 떡을 떼는 것은 이들이 정기적으로 모임을 하는 가장 중요한 목적이었으며 초대 교회는 언제나 말씀의 예배와 성만찬의 예배가 균형을 이루고 있었다.

말씀과 성만찬의 예배는 4세기까지 지속하였으나 그 후 기독교의 세속화는 설교의 약화와 함께 성만찬의 의미까지 변질시키고 말았다. 무자격 사제들은 설교를 감당할 수 없었기 때문에 예배에서 설교가 점차 사라지게 되고 성만찬은 미신화되어 떡을 숭배하는 일과 희생 제사로 대체되었다. 말씀과 성만찬이 무너진 교회는 급격히 타락하고 약화하여 중세에 이르게 되었다.

종교개혁자들은 당연히 예배에서 설교와 성만찬을 회복하는 일에 집중하였으나 극단적인 츠빙글리의 개혁안에 밀려 설교만 회복하고 성만찬을 완전히 회복하는 일에는 실패했다. 그 결과 오늘날 대부분의 미국 장로교회와 감리교회는 월 1회 성만찬을 하고 있지만, 우리 한국교회는 그보다 훨씬 적게 년 2, 3회의 성만찬을 실시하고 있는 형편이다.

4) 성만찬의 정착

필자는 목사가 된 이후부터 나름대로 성만찬의 중요성을 인식하고 성만찬을 월 1회 실시했다. 그 후, 교단 총회에서 2박 3일간 계속되었던 "세례와 성만찬 세미나"에 참석한 다음부터는 매 주일 성만찬을 실시하게 되었다. 성만찬의 중요성에 대한 확신을 가지게 되었기 때문이다. 그리고 이 매 주일 성만찬은 지금까지 25년 이상 지속하고 있다.

매 주일 성만찬을 처음 시도할 때는 주일 저녁 예배 때에 실시했다. 낮에는 말씀을 중심으로 하는 예배를 드리고, 저녁에는 성만찬을 중심으로 하는 예배를 드림으로써 이 둘을 합쳐 온전한 예배라고 생각하게 하기 위해서였다. 이와 같은 결정을 하게 된 동기는 정교회의 예배에서 배운 것이다.

정교회에서는 주일 오전에 모든 신자가 참여하는 예배를 드리고 그 후에 세례를 받지 않은 사람들은 집으로 돌려보낸다. 그때 남아 있는 사람들, 즉 세례를 받은 사람들만 따로 성만찬의 예배를 드린다는 것이다. 이처럼 정교회를 본떠서 주일 오후에 성만찬의 예배를 드렸는데 이 예배는 설교의 순서가 없는 성만찬에만 집중하는 예배로 고안되었다.

이렇게 수년 동안 주일 오전과 오후, 말씀의 예배와 성만찬의 예배를 드린 결과 두 가지 문제가 드러났다. 하나는 주일 낮 예배에만 나오고 저녁에 나오지 못하는 세례 신자는 한 번도 성만찬에 참여할 수 없다는 것이었고, 다른 하나는 일반 신자들은 성만찬이 있다는 사실조차도 모른다는 것이었다. 그래서 성만찬 예배를 주일 낮 예배로 통합할 수밖에 없었으며 그 후 통합된 "말씀과 성만찬의 예배"는 오늘까지 계속되고 있다.

많은 목회자가 매 주일 성만찬을 하는 것을 좋게 생각하면서도 다음의 두 가지 이유로 인하여 실행을 미루고 있다.

첫째, 성만찬을 매주 하면 그것이 타성이 되어서 성만찬을 소홀히 하거나, 건성으로 할 수 있지 않겠느냐는 것이다.

물론 그럴 수도 있다. 그러나 그런 위험은 성만찬에만 있는 것이 아니라 설교에도 있다. 매 주일 설교를 하면 설교를 소홀히 생각하고 또 건성으로 들을 수 있지 않겠는가? 그렇다면 설교도 1년에 한두 번 정도만 하는 것이 옳을 것이다. 그러므로 이런 생각은 성만찬을 매 주일 하지 않는 것에 대한 바른 이유가 되지 못한다. 매 주일 정성으로 설교를 준비하듯이 또 매 주일 정성으로 성만찬을 준비하면 그런 문제는 얼마든지 해소할 수 있다.

둘째, 매 주일 성만찬을 시행하려면 그 일이 너무 번거롭다는 것이다.

매 주일 성찬병과 포도주를 준비하는 일도 그렇지만 예배 순서에 넣어 집례를 하는 일이 엄두가 나지 않는다는 것이다. 또 신자의 규모가 작은 경우에는 모르지만, 그 수가 수백 명이 되고, 수천 명이 될 때는 성찬을 준비하고 집례하는 일이 너무 힘들 것이라고 한다.

물론 이 일은 간단한 일은 아니지만, 또 그렇게 어려운 일도 아니다. 예배를 어떻게 고안하느냐에 따라서 얼마든지 시간을 단축할 수 있을 뿐만 아니라 또 효과적으로 집례하는 일도 가능하다. 요즘은 성찬 떡은 가톨릭에서 사용하는 것과 비슷한 집례용 떡과 회중용 떡을 개신교 단체에서 구입할 수 있으며 성만찬용 포도주도 간단하게 구입하여 사용할 수 있다. 교회에서는 성만찬을 준비하는 당번을 정하여 준비하게 하면 목회자는 집례만 하면 된다. 목회자들은 주일 예배 순서에 매 주일 성만찬을 시행하는 문제를 정직하게 고민해 보아야 한다.

목회자의 직무 가운데 설교와 성만찬은 매우 소중하다. 그런데 설교는 꼭 목회자가 아니라도 얼마든지 할 수 있다. 장로나 집사가 강단에 서서 설교를 하는 일은 불법이 아니다. 그러나 성만찬의 집례는 목사만 할 수 있다. 목사 이외에는 아무도 성만찬을 주관하지 못한다.

그러므로 성만찬을 집례하는 일은 목사에게만 주어진 고유한 일이며, 가장 목사다운 일이다. 그럼에도 불구하고 대부분의 목사들이 성만찬을 매 주일 집례하지 않는 것은 안타까운 일이다.

2. 예배 집례

'집례'라고 하는 것은 고안된 예배를 절차에 따라 진행하는 일이다. 예배의 집례는 자격이 있는 목회자가 예배를 위한 일정한 장소에서 필요한 도구를 사용하여 회중을 인도하면서 진행된다. 이때 집례자가 명심해야 하는 가장 중요한 일은 되도록 말수를 줄이는 것이다. 집례자가 말이 많고 설명이 많으면 예배의 방향이 흐려지고 그만큼 예배의 집중도가 떨어지게 된다. 집례자는 꼭 필요한 말, 최소한의 말만 하는 것이 좋다. 집례자의 많은 말은 경건한 예배에 절대로 도움이 되지 않는다.

1) 예배 장소

예배를 드리는 장소를 예배실 혹은 예배당이라고 부른다. 작은 규모의 교회에서는 예배당에서 모든 활동이 진행된다. 그곳에서 예배를 드리고, 성경 공부를 하며, 기도회로 모이고, 회의도 하고 또 식사를 하기도 한다.

규모가 큰 교회에서는 활동에 따라 공간이 달라진다. 주일 예배를 드리는 예배실, 새벽 기도회나 개인 기도를 하는 기도실, 또 각 계층으로 나누어 성경 공부를 하는 교실 혹은 사경회실, 신자들이 모여 차를 마시거나 교제하는 친교실이나 카페 등으로 나눠진다. 규모가 큰 교회는 예배실에서 주로 주일 예배나 삼일 기도회 같은 공식 모임을 한다.

예배의 장소는 매우 중요하다. 환경과 분위기가 예배의 내용에 큰 영향을 미치기 때문이다. 오래전에, 한때 체육관 예배당이 유행한 적이 있었다. 예배당을 체육관처럼 통짜로 지어서 그곳에서 주일에는 예배를 드리고, 평일에는 강대상과 의자를 다 치우고 여러 가지 운동을 하는 체육관으로 사용하는 것이다.

이렇게 하는 것은 물론 경제적인 면에서 볼 때 매우 유용한 일이다. 한 주간에 한두 번밖에 쓰지 않는 예배당을 그냥 놀리는 것보다는 한 주간 내내 체육관으로 활용하는 것이 훨씬 더 경제적이라는 말이다. 그러나 필자는 당시에 그 말이 좋게 들리지 않았다. 하나님께 예배를 드리는 장소는 처음부터 구별되는 것이 더 좋겠다는 생각이 들었기 때문이다.

경제성이 떨어진다고 해도 예배를 위한 공간을 경건하게 유지하고 꾸밈으로써 누구든지 그곳에 들어오면 자연히 고개가 숙어지고 예배할 수 있는 분위기가 마련된다면 그것이 얼마나 더 중요한 일이겠는가?

한 주간에 꼭 한 번 예배를 드리는데 그 예배가 온전한 예배로 드려지지 못한다면, 그래서 그 예배를 통하여 하나님께 영광을 돌리지 못하고 신자 개개인에게 은혜와 축복이 되지 못한다면, 교회와 신자들은 그곳에서 행하는 체육 활동에서 얻는 것과는 비교할 수 없는 가장 중요한 것을 잃는 결과에 직면하게 될 것이다.

그리고 예배당은 단순하고 깨끗해야 한다. 특별히 강단은 회중의 시선이 집중되는 곳이다. 그러므로 강단에는 회중의 시선을 빼앗아 갈 수 있는 어떤 것도 존재하지 말아야 한다. 그래야 신자들이 예배에만 집중할 수가 있다. 특별히 예배당 안에 성구나 구호가 적힌 플래카드를 이곳저곳 어지럽게 걸어두는 일은 그곳이 예배의 장소라기보다는 무슨 정당의 전당 대회 장소 같은 생각이 들게 하고 또 예배자의 생각을 분산시킬 수 있으므로 지양하는 것이 좋다.

2) 강단 장식

필자의 교회에는 주일마다 강단에 간단한 꽃꽂이를 올린다. 꽃꽂이는 매 주일 적지 않은 비용이 나가기 때문에 강단에는 되도록 여러 개의 화분을 사용하지만, 강단 위가 허전하여 작은 꽃꽂이를 장식하도록 했다. 그리고 꽃꽂이 비용은 가족의 생일이나 추모식 등 기념할 일이 있는 가정에서 담당하도록 했다. 연말에 꽃꽂이 지원표를 만들어 게시판에 붙이고 원하는 날에 미리 이름을 적도록 해서 해당하는 주일에 꽃꽂이 비용을 헌금하도록 한다. 물론 꽃꽂이는 꽃가게에서 전문가가 만들어 토요일 오후에 교회로 배달하여 준다. 그리고 매 주일 주보에 누가, 왜 꽃꽂이를 했는지를 알린다.

3) 강단 스크린 문제

언제부터인가 강단 위에 스크린을 걸고 그곳에 설교자의 얼굴이나 성경 구절, 혹은 찬송가 가사를 띄우는 일이 한국교회 안에 유행처럼 되었다. 수천 명이 모이는 큰 교회라면 설교자의 얼굴이 잘 보이지 않으니까 혹 스크린을 통하여 설교자가 크게 보이도록 할 수도 있을 것이다.

그러나 작은 규모의 교회에서 설교 시간에 스크린을 사용하는 것은 백해무익하다고 생각한다. 회중들은 설교 시간마다 설교자의 진짜 얼굴을 봐야 할지 아니면 스크린의 얼굴을 봐야 할지 왔다 갔다 하느라고 설교를 듣는 일에 집중할 수가 없고 오히려 방해될 때가 많다.

또 스크린에 성구나 찬송가의 가사를 보여주는 일이 예배드리는 일을 편리하게 해줄 수도 있을 것이다. 찬송가나 성경책이 없어도 예배를 드리는 데에 아무 문제가 없기 때문이다. 그러나 그런 일은 편리할지는 모르지만 무성의하고 또 예배의 집중력을 떨어뜨리는 결과를 초래하는 경우가 많다. 자신의 성경에서 성경 구절을 찾아보고 자신의 찬송가를 통하여 찬송가를 부르는 것이 경건한 예배에 더 유익하리라고 본다.

심지어 설교 중에 스크린에 설교와 관련된 영상을 보여주는 교회도 있는데 이런 일은 정말 이해가 안 되는 일이다. 지식을 심어주거나 뭔가를 이해시키려고 할 때는 스크린을 이용한 시청각적인 방법이 매우 유용할 것이다. 그래서 교육관에는 스크린이 필수적이라는 말에 동의한다. 그러나 설교는 단순히 성경의 내용을 이해시키는 것이 목적이 아니다. 설교는 청중이 집중하여 말씀을 들을 때에 성령의 역사가 일어나기를 기대하는 활동이다.

　그러므로 설교 시간에는 회중이 귀를 기울여 말씀을 잘 듣도록 해야 한다. 믿음은 들음에서 나기 때문이다(롬 10:17). 필자는 한국교회의 강단을 스크린이 장악함으로써 그만큼 설교가 약화하고 무기력하게 되었을 뿐만 아니라 예배가 더욱 산만하게 되었다고 본다.

　이와 관련하여 한 가지 중요한 질문이 있다. 예배 시간에 스크린에 설교의 내용과 관계있는 영상을 찾아 띄우고 또 성경 구절이나 찬송가 가사를 올리는 일을 담당하는 당사자는 언제 설교를 듣고 언제 자신의 예배를 드리는가 하는 것이다.

　이 사람은 예배의 연출을 돕는 사람이지 정상적인 예배자는 아니다. 주로 교회의 전도사나 부목사가 이런 일을 맡아 하고 있지만, 그들이 따로 예배를 드리는 경우는 많지 않을 것이다. 그렇다면 그들은 주일마다 자신의 예배를 드리지 못하는 불행한 사람들이다.

4) 유아실

예배를 위한 시설 가운데 유아실은 매우 중요하다. 아이들 때문에 예배가 전체적으로 소란하게 되고 경건한 예배가 방해받는 일이 많다. 그러므로 통제가 되지 않는 유아들을 동반한 신자들은 따로 격리하여 예배를 드리도록 하는 일이 필수적이다.

예배에 나온 회중 가운데는 예배를 위하여 마음의 준비를 단단히 하고 나온 신자들이 그렇게 많지 않다. 대부분 신자는 조금이라도 주의를 빼앗길만한 소재가 있으면 바로 그쪽으로 마음을 돌린다. 그렇게 되면 그 주일의 예배는 실패하기 쉬우며 이제는 또 다음 주일의 예배를 기약할 수밖에 없는데 이것은 너무나 아쉬운 일이다.

필자는 교회를 개척하던 때부터 무리할 정도로 유아실을 만들어 운영했다. 유아실을 운영하면 예배실에서 예배를 드리는 신자들은 예배에 방해를 받지 않아서 좋고, 아이들을 데리고 온 부모는 다른 사람에 대하여 신경을 덜 쓰고 편하게 예배를 드릴 수 있어서 좋다. 어떤 사람들은 유아실에 있는 신자들은 회중으로부터 격리되고 소외되는 느낌이 든다고 하지만 그들이 예배당에서 함께 예배를 드린다고 해도 어차피 아이들 때문에 제대로 예배를 드릴 수 없는 것이 사실이다.

5) 목회자의 예복

목회자가 예배를 집례할 때 갖추는 복장으로는 주로 가운과 스톨이 있다. 가운이 목사의 세속적인 육신을 가리어 주는 의미가 있다면, 스톨은 소의 멍에를 상징한 것으로 하나님께서 맡겨주신 직분을 의미한다. 물론 집례자가 넥타이에 양복을 입고 예배를 인도한다고 해서 문제가 될 것은 없지만 어떤 것이 경건한 예배에 도움이 되며, 어떤 것이 더 종교적인 분위기를 만드는 일에 도움이 되는가를 묻는다면 전자라고 말할 수밖에 없다. 아무래도 양복은 일반적인 모임에 어울리는 복장이라면 가운과 스톨은 정식 예배에 어울리는 종교적인 복장이다.

여기서 잠시 로만 칼라(Roman collar)에 대하여 언급한다. 필자는 목회 초기부터 로만 칼라를 착용했다. 신학적인 의미보다는 그것이 편리했기 때문이다. 특별히 새벽 기도회를 인도할 때마다 와이셔츠에 넥타이를 매는 일이 번거롭고 힘이 들어서 로만 칼라를 착용하기 시작하였으며 그 후에는 모든 집회를 인도할 때마다 그렇게 했다.

로만 칼라를 개신교회 목회자가 착용하는 것이 합당한가에 대하여 의견이 분분하다. 어떤 사람은 그것이 로마 가톨릭교회의 유산이라고 반대하는가 하면 또 어떤 사람은 그렇게 생각하지 않는다.

사실 로만 칼라는 18세기 개신교에서 시작된 개신교회의 성직자 복장이다. 그런데 이 복장을 가톨릭교회가 사제의 공식 복장으로 채택했다. 외국에서는 많은 개신교 목회자들이 로만 칼라를 착용하지만, 한국교회의 경우에는 감리교회 목회자들을 중심으로 침례교회를 제외한 거의 모든 교단의 목회자들이 부분적으로 로만 칼라를 착용하고 있다. 로만 칼라에 대하여 지나치게 의미를 부여하는 것은 합당하지 않으며 교단이 법으로 금하지 않았다면 로만 칼라의 착용은 목회자가 개인적으로 판단하여 결정할 일이라고 본다.

6) 강단 보

강단 보의 문제도 마찬가지이다. 강단 보는 교회력에 따라 색깔을 달리한다. 교회력은 예수님의 생애를 따라 만든 교회의 달력이며 다음의 6가지 절기가 중심이 된다. 예수님의 오심을 기다리는 대강절, 예수님의 탄생을 기념하는 성탄절, 예수님의 나타나심과 메시아로서의 자신을 계시하심을 기념하는 현현절, 예수님의 수난과 죽음을 기리는 사순절, 예수님의 부활을 기념하는 부활절, 그리고 성령의 강림을 기리는 오순절 혹은 성령 강림절이 그것이다.

강단 보는 절기와 기념일에 따라 다음의 4가지 색깔을 사용한다. 보라색은 위엄, 즉 왕으로서의 위엄과 존경을 상징하며, 흰색은 성결, 기쁨과 즐거움, 빛을 상징한다. 그리고 붉은색은 보혈, 희생과 수난, 성령의 불을 상징하고, 초록색은 성장, 영원성과 소망을 상징하는 것이다.

강단 보는 예배당의 분위기를 매우 종교적으로 바꾸어준다.

주일마다 달라지는 강단 보의 색깔을 보며 신자들은 그 의미를 다 모른다고 해도 '저건 무슨 의미일까?' 상상해 볼 것이며, 이는 그 자체가 신앙과 예배의 신비함을 높이는 결과를 가져온다. 집례자는 이처럼 교회 안에서 전통적으로 내려오는 예배의 상징과 도구들을 선별하여 사용할 수 있으면 좋을 것이다.

개신교회가 예배에서 주로 사용하는 시각적이며 상징적인 도구는 목사의 가운과 스톨, 성찬 보를 들 수 있으며 그 밖에 성만찬의 도구가 되는 성찬기와 떡과 포도주 등이 포함된다. 예배 시간마다 강단 앞에 진열된 성찬의 기구들을 볼 때 대부분 신자는 마음이 숙연해지고 경건하게 된다.

3. 회중의 예배 준비

경건한 예배를 드리려면 집례자가 좋은 예배를 고안하고 그 예배를 경건하게 집례하는 것만으로는 불충분하다. 예배에 참석하는 회중의 예배에 대한 준비와 경건한 참여가 추가되어야 한다.

1) 정성 어린 복장

예배자는 먼저 예배에 합당한 복장을 갖추어야 한다. 옷은 그 사람이 하고자 하는 일과 관계가 있다. 군인은 군복을 입고 학생은 교복을 입는다. 공장에서 일하는 사람은 작업복을 입는다. 마찬가지로 예배자는 예배에 합당한 옷을 입어야 한다. 예배드리러 가는 사람의 복장과 놀러 가는 사람의 복장이 같을 수 없다.

필자는 예배자의 복장은 하나님께 대한 최소한의 예절이라고 강조하며 꼭 양복을 입고 넥타이를 맬 수는 없더라도 단정한 복장을 하고 나오라고 가르친다. 특별히 성경 봉독을 하는 등 예배 순서를 맡은 사람에게는 특별히 주의를 시킨다. 그리고 예배 시간에 회중이 드린 헌금 바구니를 가지고 강단 앞으로 나오는 헌금 봉헌자에게는 언제나 가운을 입게 한다. 이 일은 주로 여자 집사 중의 한 사람이 담당하는데 그때 몸매가 드러나는 복장은 예배에 도움이 되지 않고 오히려 주위를 흐트러뜨리기 때문이다.

2) 예배 시간 엄수

다음은 시간을 맞추어 예배당에 나오는 일이다. 예배 시간은 교회가 하나님 앞에서 예배를 드리기로 정한 시간이다. 그러므로 예배자가 제 시간에 예배당에 나오는 것은 너무나 당연한 일이며 예배자가 우선적으로 지켜야 하는 가장 기본적인 일이다. 대통령을 만나러 가는 사람도 몇 시간 전에 청와대에 도착해서 미리 준비한 후에 대통령을 접견한다고 들었다. 하물며 신자가 하나님을 만나는 예배의 시간에 늦어진다는 것은 어떤 이유로든 정당화될 수 없다.

특별히 주일은 아예 처음부터 예배드리기 위하여 구별된 날이 아닌가? 그런데도 신자가 이날 예배의 자리에 늦어진다는 것은 전혀 합당하지 않은 일이다.

필자는 개척 초기부터 모든 신자에게 주일 예배에는 10분 전에 출석할 것을 권장했다. 예배당에 미리 도착하여 그날의 성경 본문을 찾아보고 자신과 설교자와 예배의 순서를 맡은 자들을 위하여 기도하라고 한다. 그리고 매 주일 광고 시간마다 "예배 10분 전 출석"에 대한 권면을 한 번도 빠뜨리지 않고 말했다. 그런데 이 일은 놀랍게도 10년이 넘어서야 실현될 수가 있었다. 지금은 초신자나 특별한 경우가 아니라면 주일 예배에 늦는 사람은 한 사람도 없다.

대신 삼일 기도회나 새벽 기도회 같은 예배 이외의 모임은 그 시간에 늦는 일에 대하여 관대하게 대한다. 그때는 직장에서 일하다가 나오고 또 잠을 자다가 나오기 때문에 얼마든지 늦을 수 있기 때문이다. 그리고 주일 예배 순서에 참여하는 신자들, 즉 기도 담당자, 신구약 성경 봉독 담당자, 그리고 헌금 봉헌자 등은 언제나 예배 전에 목양실에 모여 예배를 위하여 함께 기도를 드리고 예배에 참석한다. 이런 일은 순서를 담당하는 신자들에 대하여 미리 그들의 출석을 확인하며 마음의 준비를 하는 기회가 되기도 한다.

3) 바른 예배 자세

예배자의 자세에 대하여는 예배 시간 전에 있는 광고 시간마다 늘 강조한다. 휴대폰은 끌 것, 예배의 모든 순서에 집중할 것, 즉 찬송 시간에는 열심히 찬송가 부르고 기도 시간에는 함께 마음을 모아 기도하며, 설교 시간에는 눈을 똑바로 뜨고 마음을 집중하여 설교를 들으라고 말한다. 예배의 성공은 인생의 성공이라는 사실을 언제나 강조하며 오늘의 예배에 성공하라고 주의를 환기한다.

4. 헌금

예배에 있어서 하나님께 드리는 헌금은 필수적이다. 헌금이 없는 주일 예배는 매우 중요한 순서가 빠진 불완전한 예배이다. 헌금은 하나님의 은혜에 대한 예배자의 응답이기 때문이다. 예배자는 예배를 통하여 하나님이 주시는 복을 받고 자신의 몸을 하나님께 드리는데, 이 몸을 드리는 표가 바로 헌금이다. 그래서 헌금은 곧 헌신의 표시가 된다.

1) 헌금의 종류

예배 시간에 드리는 헌금의 종류에는 여러 가지가 있다.
첫째, 가장 기본적인 헌금은 주일 헌금, 혹은 예배 헌금이다.
한 주일에 한 번, 하나님께 예배를 드리러 나오는 신자에게 예물이 없다면 그것은 불경스러운 일이다. 주일 헌금은 예배자가 하나님께 드리는 기본적인 예물이며 또한 감사의 의미를 포함한다. 주일 헌금은 한 주간을 믿음으로 인도해 주신 하나님께 대한 감사가 핵심이 된다.

그런데도 오늘날 주일 헌금은 그 의미를 거의 상실했다고 본다. 왜냐하면, 주일 헌금은 대부분 무기명으로 드리기 때문에 무성의하게 바치고 대신 기명으로 바치는 감사헌금에 치중하기 때문이다. 그러나 하나님을 향한 모든 행위에는 형식적인 것, 즉 건성으로 하는 것이 있어서는 안 된다. 그러므로 제도적이고 형식적이 된 헌금은 원인을 파악하고 개선해야 옳다.

그런데 주일 헌금은 예배 헌금의 의미가 있으므로 그 헌금을 폐지하는 일은 어렵다. 그러므로 필자의 교회에서는 감사헌금을 폐지하고 감사헌금을 주일 헌금에 포함하도록 했다. 다시 말하면 주일 헌금은 예배자로서의 일반적인 예물의 성격과 한 주간의 삶을 감사하는 감사헌금의 성격을 포함하도록 한 것이다. 주일 헌금의 의미를 이처럼 규정했기 때문에 특별한 감사를 해야 할 경우에는 주일 헌금에 그것을 포함하도록 했다. 그 결과 주일 헌금은 매 주일 같은 액수가 아니라 당연히 조금씩 달라져야 한다. 이렇게 함으로써 헌금의 종류를 자꾸 늘이지 않고 또 헌금 가운데 형식적으로 드리는 부분을 배제할 수 있었다.

둘째, 십일조 헌금이다.

십일조는 모든 소득의 십분지 일(十分之一)을 하나님께 돌려드리는 행위이다. 십일조는 소득에 따라 일정한 금액을 드리는 의무 헌금의 일종이며 다음 3가지 고백이 포함된다.

① 우리에게 필요한 모든 물질을 주시는 분이 하나님이시라는 것.
② 우리는 물질에 의존하여 사는 존재가 아니라는 것.
③ 우리에게 필요한 물질은 하나님이 그때마다 주실 것이라는 믿음의 고백.

셋째, 절기 헌금은 특정한 절기에 드리는 헌금이다.

성탄절 헌금, 부활절 헌금, 맥추감사절 헌금 그리고 추수감사절 헌금을 말한다. 절기의 의미를 자신의 구원과 관련지어 생각하고 감사하며 드리는 헌금이다. 이 헌금도 많은 교회에서 형식화되고 있지만, 그 의미를 계속 해석하고 강조함으로써 의미 있는 절기 헌금을 드리는 신자들이 증가하고 있다.

넷째, 특별 헌금이 있다.

이 헌금은 말 그대로 특별한 목적을 위하여 사용되는 헌금이다. 선교 헌금이나 구제 헌금, 대지 헌금이나 건축 헌금 등의 헌금이 여기에 포함된다. 교회에 특별한 일이 없다면 특별 헌금도 없다. 위에서 언급한 것처럼 헌금의 종류를 많이 만들지 않으면 헌금이 단순화되고 또 헌금을 많이 거둔다는 오해를 받지 않는 유익이 있다.

필자는 목회하는 중에 절대 헌금을 강요하지 않았다. 헌금은 강요한다고 내는 것이 아니며 또 그렇게 낸다고 해도 그것은 쥐어짜는 헌금이 되며 하나님 앞에는 별로 가치가 없는 헌금이다. 필자는 신자의 믿음이 헌금과 비례한다고 믿는다. 믿음이 있는 신자들은 헌금을 말하지 않아도 스스로 힘을 다하여 바치는 것을 목회 현장에서 얼마든지 확인하고 있기 때문이다.

전에 멀리에서 살고 있는 가까운 친척 한 사람을 교회에 나가라고 권면을 했다. 그 사람이 찾아간 교회는 마침 예배당을 건축 중인 교회였다. 그 사람이 교회에 나간 날로부터 3개월 동안이나 그 교회 목사님은 계속 주일마다 헌금 설교를 했기 때문에 결국 이 사람은 교회에 가는 일을 포기하고 말았다. 물론 헌금에 대한 설교도 필요하겠지만 목회자는 자신의 설교를 듣는 사람 중에는 교회에 처음 나온 사람도 있다는 사실을 잊지 말아야 한다.

2) 헌금 봉헌 방법

　교회마다 헌금을 드리는 방법이 각각이다. 어떤 교회는 설교 후에 헌금 바구니를 돌리며 헌금을 드리고, 또 어떤 교회는 예배당에 들어올 때 헌금함에 헌금을 넣는다. 그리고 헌금 봉헌 방법도 교회마다 다르다. 예배 중에 헌금 봉헌 기도를 하는 교회도 있고 하지 않는 교회도 있다. 성경이나 교단법에 어떻게 봉헌을 하라는 말씀이 없으니 어떻게 하든지 문제가 되지 않는다.

　필자의 교회는 신자들이 예배드리러 예배당에 들어올 때 헌금함에 헌금을 넣고 봉헌 시간에는 봉헌자가 그 헌금을 모아 바구니에 담아 앞으로 가지고 나온다. 그러면 집례자가 그 바구니를 받아들고 축복기도를 한 후, 헌금 바구니를 십자가 밑에 있는 상 위에 올려둔다. 오래전에 뉴질랜드에서 어떤 교회의 주일 예배에 참석했는데 그곳에서 헌금 봉헌 시간에 감명을 받고 그 방법을 조금 응용하여 사용하고 있다.

　성탄절 예배에서는 다른 봉헌 방법을 사용한다. 이때는 헌금함을 미리 강단 앞에 두고, 예배 시간에 한 사람씩 나와서 헌금을 드리도록 한다. 아기 예수께 예물을 바치는 마음으로 헌금을 드리는 것이다. 그 후 집례자가 축복기도를 한다. 필자의 교회는 성탄절에는 성만찬을 하지 않기 때문에 다소 시간이 걸리더라도 문제가 되지 않는다.

5. 찬양대

음악이 없는 예배는 상상하기조차 힘든 삭막한 예배이다. 물론 예배 중에는 회중의 찬송도 있지만 지금 말하는 것은 회중의 찬송이 아니라 찬양대의 노래를 말한다. 입례 송, 기도 송, 찬양, 폐회 송, 그리고 예배 전의 오르간의 연주와 성만찬을 하는 중의 연주 등이다. 찬양대의 노래는 예배의 품위를 높일 뿐만 아니라 예배의 순서들을 매끈하게 이어주는 끈과 같은 역할을 한다. 찬양대의 찬양은 예배를 아름답게 만든다.

1) 찬양대의 위치

대부분 교회가 찬양대의 위치를 강단 옆에 두고 있다. 찬양 대원들이 강단을 향하여 비스듬히 앉게 됨에 따라 또 회중과도 비스듬히 앉게 된다. 심지어는 회중과 정면으로 마주 보며 앉게 하는 교회도 있다. 이러한 경우에 회중들은 예배 시간 동안에 예배와 관계가 없는 많은 생각에 빠질 수가 있다.

사람을 한 시간 동안이나 마주 보며 앉아 있는데 어떻게 생각이 없겠는가?

마귀는 예배를 방해하기 위하여 아무리 작은 끄나풀이라도 놓치지 않고 다 이용한다. 설교 중에 뒤에서 "바스락"하는 소리가 났다면 대부분 신자는 자동으로 뒤를 돌아본다. 설교를 듣기 위하여 준비된 신자보다는 설교를 안 들으려고 뭔가를 기대하는 신자들이 의외로 많기 때문이다. 그러므로 예배를 집례하는 목회자는 예배를 방해하는 모든 요소를 사전에 예측하고 제거하지 않으면 안 된다.

필자는 찬양대의 위치를 예배당 2층으로 정했다. 그렇게 함으로써 찬양 대원들은 자동으로 강단을 바라보며 찬양할 수가 있고 회중에 대하여 전혀 신경을 쓰지 않아도 된다. 그리고 회중들도 시야를 혼란시킬 수 있는 대상이 앞에 없으니 그만큼 예배에 집중할 수가 있다. 예배 장소는 경건해야 하며 회중이 예배 중에 정신을 빼앗길 수 있는 대상을 최대한 없애야 한다. 그래야만 경건한 예배를 기대할 수 있다.

제3장

각종 집회 및 행사

목회자는 주일 예배 외에도 여러 가지 집회를 인도해야 한다. 교회마다 약간씩 다르겠지만 주일 저녁 집회, 삼일 기도회 그리고 새벽 기도회 등이다. 요즘은 많은 교회들이 금요일 밤에 심야 기도회 혹은 철야 기도회를 하며 또 주부들을 위하여 수요일 오전에 삼일 기도회를 따로 가지는 교회도 있다. 목회자는 이 모든 집회를 인도해야 하며 그밖에 구역회도 주관해야 한다. 그리고 정기적인 집회 외에도 많은 행사를 기획하고 관리해야 한다.

1. 주일 저녁 집회

많은 교회가 주일 저녁 집회 시간에 헌신 예배 혹은 무슨 발표회와 같은 특별 순서를 가지고 있으며 그렇지 않으면 주일 저녁 예배라고 해서 주일 아침 예배보다 절차를 간소화한 예배를 진행한다. 또 삼일 기도회도 주일 저녁 집회와 이름만 다를 뿐 그 내용은 찬송, 기도, 설교 등 거의 비슷한 실정이다.

우리는 똑같은 형식의 예배를 아침에도 드리고, 저녁에도 드리고, 또 삼일 저녁에도 드릴 필요가 있는지 숙고해 봐야 한다. 가톨릭교회처럼 미사를 여러 번 반복함으로써 신자들에게 편리한 시간에 한 번만 참석하게 하려는 목적이 아니라면 그렇게 할 필요가 없다고 본다. 우리 개신교의 경우에는 주일 아침과 주일 저녁, 그리고 수요일 저녁 모임에 참석하는 사람들이 대부분 동일하기 때문이다.

그러므로 예배는 한 주간에 한 번, 다시 말하면 예수님이 부활하신 날이며 초대 교회 성도들이 예배를 위하여 모였던 안식 후 첫날, 즉 주일에 한 번만 드리면 된다고 생각한다(행 20:7). 그 외에 주일 저녁이나 삼일 기도회 시간은 예배가 아니라 다른 목적으로 그 시간을 활용하면 대단히 유용할 것이다.

원칙적으로 주일 예배와 다른 집회는 차별화되어야 한다. 주일 아침의 모임은 예배이고 다른 모임은 그냥 집회이다. 이미 위에서 언급하였지만 주일 아침 예배는 하나님의 백성들이 정기적으로 나아와 창조와 구속의 하나님께 경배하는 공식적인 예배의 시간이지만 다른 집회는 신앙생활의 유익을 위하여 성경을 공부하거나 기도를 하거나 친교를 위한 모임들이다.

그러므로 주일 예배와 다른 집회는 그 비중으로 볼 때 엄청난 차이를 가진다. 신자가 주일 예배에 빠지고 대신 주일 저녁 집회나 삼일 기도회에 참석하는 것으로 그것을 대체할 수 없다. 그래서 주일 저녁이나 삼일 저녁의 모임은 목적에 따라 이름도 다르게 붙이고 내용도 다르게 진행하는 것이 좋다고 본다.

　필자의 교회는 주일 오후의 모임은 사경회라고 이름을 붙이고 책상이 준비된 방에서 성경 공부를 한다. 이 모임에서는 기도하고 바로 성경 공부를 시작하기 때문에 좀 더 긴 시간을 활용하여 집중적으로 성경을 공부하는 일이 가능하다. 이때는 교재도 사용하고 스크린도 이용하여 공부한다.

　또 사경회 시간에는 성경만 공부하는 것이 아니라 특강도 하고 좋은 내용의 동영상을 감상하기도 한다. 목회자가 주일 저녁 모임에 대한 고정관념에서 해방되어 이 시간을 자유롭게 활용할 수 있다면 신자들과 교회에 매우 유익한 시간을 얼마든지 많이 확보할 수가 있을 것이다.

　사경회 시간에 성경 공부를 시작하기 전, 스크린에 아름다운 음악 동영상을 올리고 함께 감상하는 것도 신자의 교양과 차분한 분위기를 만드는 데 도움이 된다. 성악가들이 부른 찬송을 듣거나 찬송가가 아니라고 하더라도 기악이나 성악의 클래식 명곡을 해석과 함께 들려주는 것이다. 이런 일은 신자들에게 있어서 아주 즐거운 경험이 되기도 한다.

　인터넷을 부지런히 검색하면 신자들에게 좋은 특강 자료들을 얼마든지 찾을 수 있는데 그 자료들을 사경회 시간에 시청하게 하면 강사료도 없이 좋은 강의를 들려줄 수가 있다. 위에서 언급한 것처럼 주일 저녁 집회 시간을 예배를 드리지 않고 다른 목적으로 활용하면 그 시간을 신자들을 위하여 매우 적절하게 이용할 수 있다.

2. 헌신 예배

많은 교회가 각종 헌신 예배를 드린다. 대부분 기관별로 1년에 1회 이 예배를 드리는데, 주로 그 부서의 임원들이 양복이나 한복을 입고 와서 예배 순서를 맡아 감당하며 예배 시간에 회원들이 나와서 함께 찬양한다. 그리고 설교는 주로 외부에서 강사를 초청하여 듣는다.

필자의 눈에는 이렇게 드려지는 헌신 예배가 너무 무성의하고 무의미하게 보였다. 그래서 목회를 하면서 한 번도 헌신 예배를 따로 드린 적이 없다. 헌신 예배를 특별하게 드릴 자신도 없었지만, 그리스도인은 순간순간 헌신하는 것이라는 생각 때문이었다. 그래서 헌신에 대한 설교는 많이 했지만, 헌신 예배를 따로 드리지는 않았다. 진정으로 헌신의 의미를 드러낼 수만 있다면 결코 헌신 예배가 필요없지 않을 것이다.

3. 삼일 기도회

삼일 기도회 혹은 수요 기도회라는 모임은 한국교회만 가지고 있는 좋은 전통이다. 사실 주일에 한 번씩만 모이는 것보다는 그 중간에 한 번 더 모이는 것이 신앙생활에 대단히 좋은 영향을 끼친다고 본다. 이 모임은 대부분 기도회라고 부르는데 이름 그대로 기도회로 활용하는 것이 가장 효율적이라고 생각된다. 왜냐하면, 주일이 지나고 삼 일째는 기도가 가장 필요한 시간이기 때문이다.

그런데도 적지 않은 교회들이 이름만 기도회일 뿐 특별한 기도의 시간이 없는 경우가 많다. 목회자가 이 모임을 진정한 기도 모임이 되도록 하면 매우 소중한 시간이 될 수 있을 것이다. 잠시 말씀을 나눈 후에 같은 기도 제목을 가지고 온 교회가 함께 기도하는 시간을 가지도록 한다. 당연히 이 시간은 이름에 걸맞도록 설교는 짧게 하고 더 많은 시간을 기도에 할애해야 할 것이다.

필자의 교회는 삼일 기도회 시간을 기도를 중심으로 운영한다. 찬송가 부르고 기도를 드린 후에 잠시 성경 강해를 하고 같은 제목을 정하여 함께 통성으로 기도하는 시간을 갖는다. 이때에는 자신과 가족을 위하여 기도하고 또 교회와 다른 신자들을 위하여 기도하며, 나라를 위하여 선교 지역과 선교사들을 위하여 함께 기도를 드린다.

4. 새벽 기도회

새벽 기도회도 한국교회의 귀한 전통이다. 매일 새벽 시간에 하나님 앞에 나와 말씀을 듣고 기도한다는 사실은 너무나 복된 일이다. 그러나 어떤 목회자는 새벽 기도회를 또 새벽 예배라고 부르면서 긴 설교를 하고 신자들에게 기도 없이 집으로 돌아가게 한다. 위에서 언급한 대로 공식적인 예배는 한 주간에 한 번으로 충분하다. 그러므로 새벽 기도회 시간은 이름대로 신자들에게 기도를 많이 할 수 있도록 배려해야 한다.

새벽 기도회의 순서는 모든 교회가 대동소이하리라고 본다. 필자의 교회는 먼저 찬송을 한 장 부르고 성경 본문을 교독한 후에 10여 분 정도 설교를 한다. 그리고 목회자가 회중을 위하여 기도하고 주님의 기도를 드림으로 끝낸다. 이렇게 하면 대개 20분 내외에 기도회를 마치게 되는데 그 후부터 개인이 자유롭게 기도를 드리고 각자 돌아가게 한다. 그리고 성경 본문은 구약과 신약을 통틀어서 매일 한 장씩을 나눈다.

1) 모이는 시간

주일 예배는 대체로 예배 시간이 고정되지만, 삼일 기도회와 새벽 기도회는 계절에 따라 시간이 변경되는 교회가 많다. 해가 짧은 겨울철에는 일찍 모이고 해가 긴 여름철에는 늦게 모인다. 필자의 경험으로 볼 때, 이처럼 모임의 시간을 변경하는 일은 농촌교회에서 불가피하겠지만 도시 교회에서는 오히려 번거롭고 도움이 되지 않는 것 같다. 그래서 일 년 내내 새벽 기도회와 삼일 기도회의 모이는 시간을 동일하게 하고 있다.

2) 집회의 횟수

필자는 교회의 공식 집회가 현재 상태로 충분하다고 본다. 주일 예배, 주일 저녁 집회, 삼일 기도회와 새벽 기도회 이만하면 모일 만큼 모이는 것이다. '모이기를 폐하지 말라' 했다고 무작정 자꾸 모이는 것이 좋은 것은 아니다. 그러므로 목회자는 교회 안에 또 다른 집회를 만들지 말고 현재의 집회를 더욱 알차고 충실하게 운영해 가는 노력을 해야 한다.

집회를 자꾸 만들면 열심히 믿는 일부 신자들의 일상생활에 많은 지장을 초래한다. 교회마다 집회에 열심히 나오는 사람은 항상 동일한 사람인데 집회를 자꾸 만들면 그들은 언제 살림을 하며, 언제 가족들과 시간을 보낼 수 있겠는가?

집회가 많으면 목회자는 또 그 집회를 인도하기 위하여 많은 준비를 해야 하는데 그렇게 되면 쓸데없이 목회자의 일만 점점 더 늘어나게 된다.

5. 구역회

구역회는 물론 대부분의 교회에서 목회자가 직접 인도하는 집회는 아니다. 주로 인도자를 세워서 그들이 가정에서 함께 모여 말씀을 나누고 기도하며 교제한다. 구역회는 신자들이 서로 깊이 있는 교제를 가질 수 있는 가장 중요한 수단이다. 구역회는 주로 10명 이하의 인원이 참석하는 소규모의 공동체이기 때문이다.

1) 구역 편성

구역을 운영하기에 앞서 선행되어야 하는 일은 구역을 편성하는 일이다. 하나의 구역을 몇 가정으로 구성하며 어떤 원칙에 따라 구성원을 선정할 것이냐 하는 것이다. 어떤 교회는 구역의 사이즈를 지나치게 작게 하고 어떤 교회는 반대로 너무 크게 만든다. 나름대로 이유가 있겠지만 구역회는 참석 인원을 기준으로 5명에서 8명 정도가 적당하리라고 본다. 그래야만 소외되는 사람이 없이 함께 참여하는 모임이 될 수 있을 것이다.

그리고 구역 편성을 할 때 사는 지역을 중심으로 할 수도 있고 인척이나 다른 관계를 고려하여 할 수도 있다. 필자의 생각에는 농촌 교회는 사는 지역을 중심으로, 도시 교회는 사는 지역보다는 다른 요인을 중심으로 구역을 편성하는 것이 좋다고 본다. 지역을 중심으로 편성할 때 다른 문제들을 고려할 여지가 없기 때문이다.

구역을 편성할 때 가장 좋지 않은 방법은 신앙이 없는 사람들을 함께 묶어두는 것과 불평이 많은 사람을 같은 구역 안에 두는 것이다. 필자는 오래전에 몇 안 되는 구역 가운데 한 구역 전체를 잃어버렸던 적이 있다. 교회에 불만이 많은 집사 한 사람과 그를 추종하는 다른 신자 하나가 구역 전체에 영향을 주었다.

이들은 구역 모임을 할 때마다 교회가 지정한 말씀을 나누지 않고 함께 불평을 하거나 잡담을 나누다가 헤어졌다. 몇 개월 동안 이런 일이 벌어졌지만, 구역장은 이 사실에 대하여 보고하지 않았다.

결국, 그해 말에 그 구역에 속한 신자들이 다 함께 교회를 떠나고 말았다. 구역 편성은 목회자의 매우 중요한 과제 가운데 하나이다.

2) 구역 운영

구역 모임은 교회마다 다를 수 있다. 필자의 교회 경우, 매주 구역별로 각자 편리한 시간을 정하고 모임을 한다. 구역회 모임에서는 먼저, 그 주일의 설교 말씀을 요약하여 배포한 유인물을 텍스트로 하여 그것을 함께 읽고 단락별로 생각을 나누고 적용하는 방법에 대하여 의견을 교환한다.

이때 진행자의 역할이 중요한데 어떤 때는 구역장이나 구역 인도자를 임명하여 그 역할을 감당하도록 하고 또 어떤 때는 구역 회원들이 돌아가면서 인도자의 역할을 하도록 하였는데 다들 훌륭하게 잘 감당했으며 그 경험을 매우 소중하게 생각하기도 했다. 물론 초신자의 경우에는 제외했다. 구역을 운영할 때에 한 번 참고할 수 있을 것이다.

설교 말씀을 나눈 후에는 각자 기도 제목을 이야기하고 함께 기도하는 시간을 갖는다. 이때 각 가정의 많은 문제가 노출되고 서로의 약점과 고통을 나누며 다른 사람들을 위하여 기도한다. 이러한 과정을 통하여 서로 마음을 열고 깊이 이해하며 사랑하게 된다. 그리고 이때 나눈 기도의 제목은 구역장이 요약하여 목회자에게 알려주는데 이것은 목회자가 신자들의 처지를 파악하는 데 있어서 많은 도움이 된다.

말씀을 나누고 기도의 제목을 나눈 후, 함께 기도하기까지 대략 1시간 30분에서 2시간이 소요되는데 그다음에는 음식을 나누며 교제하는 시간을 갖는다. 이때 식당에서 음식을 사 먹기도 하고, 구역회를 모이는 가정에서 음식을 만들어 대접하기도 한다.

3) 방문자 접대

필자는 구역회에 참석하기 위하여 각자의 가정에 찾아온 신자들을 최고의 손님으로 여기라고 가르친다. 그들은 모두 하나님께서 사랑하시고 소중하게 여기시는 하나님의 자녀들이기 때문이다. 그들을 극진히 대접하면 하나님께서 기뻐하시고 하나님께서 복을 주신다(벧전 4:9). 그래서 수입이 생기면 일정한 금액을 신자들을 대접하기 위한 비용으로 따로 떼어 놓고 구역회 모임에서 힘을 다하여 대접하라고 했다(갈 6:10).

대부분 신자들에게 있어서 특별한 이해관계도 없는 다른 신자들을 극진히 대접하는 일은 매우 생소하고 서툰 일이었다. 그러나 이 일을 오랫동안 반복적으로 가르치고 시행한 결과 지금은 오히려 지나치리만큼 후하게 대접하는 일이 자연스럽게 되었다. 대충 2달에 한 번 정도 자기 집에서 모임을 한다고 볼 때 그렇게 큰 부담은 되지 않는다고 한다. 구역회는 겨울철과 여름철에는 긴 방학을 한다.

4) 구역회에서 주의할 일

구역회는 여러 가지 목적을 가진 모임인데, 그것은 말씀의 나눔, 함께 기도하는 일 그리고 성도의 교제이다. 무엇보다 가장 중요한 일은 영적 교제라고 할 수 있다. 그러므로 구역회에서 조심할 일은 먼저, 인도자가 다른 사람을 가르치려고 하지 말고 동등한 입장에서 말씀을 나눈다는 생각을 해야 한다. 같은 평신도의 입장에서 가르치려고 하면 오히려 반감이 들고 부담스러워하는 경우도 없지 않기 때문이다.

다음은 한 사람이 대화를 독점하지 않도록 배려해야 한다. 잘못하면 말하기를 좋아하거나 말을 잘하는 사람 하나가 모든 대화를 주도하게 된다. 그리고 말을 잘 하지 않는 사람은 한마디의 말도 없이 그냥 앉아만 있게 된다. 구역회 모임에서는 의도적으로 누구나 소외되는 사람이 없도록 노력하지 않으면 안 된다. 말하지 않는 사람도 함께 마음을 내어놓고 대화에 참여할 수 있도록 배려해야 할 것이다.

그다음에는 구역회에서의 대화 내용이 자기 과시나 세속적인 것이 중심이 되지 않도록 하는 것도 중요하다. 아이들 교육 문제, 아파트 문제, 남편의 직장 문제와 같은 것이 대화에 등장하지 않을 수는 없지만 이런 말들이 그냥 던져지고 마는 것이 아니라 영적으로 해석되는 것이 중요하다. 또한 모든 대화를 믿음으로 마무리하는 일이 중요하다. 그러므로 구역 지도자들을 잘 교육해야 할 것이다.

6. 교회 행사

교회에는 주간의 정기적인 모임 외에도 비정기적인 행사들이 많다. 각종 봉사 활동과 바자회, 그밖에 친교를 위한 행사들이 있다. 이러한 행사들을 계획하고 주관하는 일도 목회자가 감당해야 하는 중요한 일이다. 그러나 이런 행사들은 되도록 신자들이 참여하여 주도하게 하는 것이 좋다.

소풍의 경우, 각 구역에서는 구역회 모임을 통하여 함께 소풍 계획을 세운 후에 구역장이 구역장 회의에 나와서 그것을 발표하게 한다. 그러면 각 구역장이 그것을 듣고 질문도 하고 가벼운 토론을 한 후에 투표한다. 그때 가장 많은 표를 얻은 구역의 계획대로 소풍을 진행한다. 중요한 일이 아니라면 목회자가 직접 주관하지 말고 모든 신자가 참여하여 결정하게 하는 방법을 사용하면 좋을 것이다. 여기에서는 필자가 시행했던 행사들에 대하여 간략하게 설명한다.

1) 전 교인 소풍

봄과 가을 한 해에 두 번 정도 전교인 소풍을 간다. 한 번은 주일 예배 후에 가까운 휴양림으로 각자 자동차를 타고 간다. 차량이 없는 신자들은 구역별로 탑승자를 분배하여 자동차를 함께 이용한다. 목적지에 도착해서는 바로 식사 준비를 하여 구역별로 둘러앉아 점심을 먹는다. 그 후에는 보물찾기를 겸한 산책 혹은 재미있는 놀이를 하고 저녁 때 교회로 돌아와 헤어진다.

또 한 번의 소풍은 대개 버스를 대절하여 떠난다. 이때는 주일 예배를 1시간 일찍 드리고 버스에 승차하여 대개 2시간 정도 걸리는 멀지 않은 장소로 이동하여 그곳에서 식사하고 남은 시간은 가족별로 보내게 한다. 주로 박물관이나 놀이 시설이 있는 공원이 목적지가 된다.

주일 예배 후의 소풍은 참여도가 매우 높아 특별한 사정이 있는 극소수의 신자를 제외하고는 거의 모든 교인이 다 함께 참여하고 있는데 이것은 매우 좋은 전통이 되고 있다. 더 먼 곳으로 갈 때는 토요일 아침에 소풍을 떠나기도 하는데 이때는 직장의 일로 참석하지 못하는 신자들이 있다는 것이 약점이다.

소풍 대신 체육 대회를 개최하기도 한다. 학교 실내체육관과 운동장을 빌려서 그곳에서 점심을 먹고 구역별로 혹은 부서별로 나누어 운동 경기를 한다. 푸짐한 상품을 나누어 가지고 저녁 식사 전에 교회로 돌아온다. 다양한 경기 종목을 준비하고 잘 진행하면 매우 재미있고 유익한 행사가 될 수 있다.

2) 성탄절 발표회

매년 성탄절을 맞이하여 발표회를 한다. 아동부와 중고등부, 청년부에서 율동, 연극 등 순서를 맡아 발표하고, 처음이나 마지막에 찬양대에서 준비한 성가를 연주한다. 각 부서에서는 11월부터 미리 조금씩 연습을 했다가 발표를 하는데 너무나 감동적이고 즐거운 시간이다. 발표회가 끝나고 돌아갈 때는 모든 어린이와 중고등부 학생들에게 푸짐한 선물을 준다. 이 행사는 매우 오랫동안 진행되어온 교회에 정착된 행사이다.

3) 성지 순례

신자들이 여러 날 동안 함께 먹고 자고, 하루 종일 함께 생활하는 여행은 신자들의 친교에 많은 유익을 준다. 필자의 교회는 2, 3년에 한 번씩 5번의 성지 순례를 실행하였으며 그때마다 20-45명 정도의 신자들이 참여했다. 1코스는 이집트·요르단·이스라엘, 2코스는 터키·그리스·로마, 3코스는 유럽 종교개혁의 나라들이다. 성지 순례는 최소한 10일 이상을 함께 생활하게 되는데 이 시간은 교육의 시간이지만 또한 좋은 친교의 시간이 되기도 한다.

성지 순례를 떠나기 전에 신자는 어떤 사이이며 서로 어떻게 배려하고 사랑해야 하는지를 집중적으로 교육한다. 그리고 현지에서도 매일 기도회를 통하여 바른 교제를 점검하고 지도한다. 특별히 같은 방을 함께 쓰는 사이는 갈등을 겪는 일도 있지만 서로 자기 자신을 돌아보고 상대방을 이해하는 기회가 되기도 한다. 성지순례는 성지에 대한 지식을 습득하고 기독교 역사를 공부함으로써 영적으로 큰 도움이 되지만 신자들에게 일생 동안 간직할 아름다운 추억을 만드는 기회가 되기도 한다.

4) 단기 선교 여행

각종 선교 여행도 여러 번 시행했다. 선교 여행은 주로 4박 5일 정도의 짧은 일정이지만 신자들이 현지 사역에 참여하여 봉사하며, 또 현지 신자들의 모습을 보면서 많은 영적 유익을 얻는다. 팀 사역에 함께 참여하며 또 그 사역을 준비하는 과정에서도 서로 협력하는 법을 배운다. 이러한 선교 여행에도 매번 20여 명이 참여했다.

주일에 교회에 나와서 잠시 얼굴만 서로 보는 것으로는 진정한 교제를 기대하기 어렵다. 오랫동안 함께 먹고 마시고 생활하는 일은 모든 것보다 먼저 성도의 긴밀한 교제에 많은 유익을 준다. 필자는 성지 순례와 선교 여행을 목회의 중요한 프로그램으로 선정한 사실에 대하여 매우 만족하고 있다.

5) 기타 행사

그밖에 교회 설립 기념일을 성대하게 지킨다. 이날은 기념 예배 후 애찬을 평소보다 잘 차려 전 교인이 함께 먹으며 교회의 생일을 축하한다. 그리고 특별한 기념품을 준비하여 나누어 준다. 이 행사도 교회 설립 초기부터 시작되어 수십 년 동안 계속되고 있다.

필자의 교회는 개척 초기부터 지금까지 한 번도 부흥회를 하지 않았다. 부흥회가 좋지 않아서라기보다는 부흥회의 필요성을 느끼지 못해서이다. 그렇다고 해서 외부 설교자나 특별한 주제를 위한 강사를 초청하지 않는 것은 아니다. 담임목사가 출타하여 주일 예배를 집례하지 못할 때는 언제나 외부에서 설교자를 모시며 또 육아를 위한 세미나 혹은 제직수련회와 같은 모임에는 적당한 강사를 초청하고 여러 시간 강의를 듣기도 한다. 그러나 이런 시간을 그렇게 자주 갖지는 않는다.

7. 복음 성가와 밴드, 워십 댄스

언제부터인가 한국교회에 열린 예배의 선풍이 불어 복음 성가와 밴드가 보편화 되었다. 큰 교회는 물론 작은 교회에도 찬양팀이 없는 교회가 없고 또 밴드가 있는데 찬양팀과 밴드는 주로 복음 성가를 부르고 연주한다. 그리고 '워십 댄스'라는 이름도 별로 생소하지 않게 되었다.

1) 복음 성가의 문제점

오래전부터 불려오던 복음 성가 가운데는 아름다운 곡조와 가사를 가진 노래들이 많다. 이런 복음 성가들은 찬송가에 실려도 손색이 없는 노래들이며 또 복음 성가 중에서 찬송가에 수록된 노래도 많다. 그러나 현재 많은 교회에서 사용되는 복음 성가는 이런 것들과 다른 노래들이 대부분이다.

현재 사용되고 있는 복음 성가의 몇 가지 문제점이 있다.

첫째, 노래의 가사가 아름답지 못하다는 점이다.

모든 노래는 그 가사가 시적이며 아름다워야 하는데 하나님을 찬미하는 노래는 더 말할 것이 없다. 여기서 예를 들기는 그렇지만 복음 성가 가운데는 노래 가사로는 적합하지 않은 표현들이 적지 않다. 특별히 그 내용이 하나님 앞에 무례하고 천박한 부분들도 있다. 이런 복음 성가가 무분별하게 양산되고 불리는 일은 바람직하지 않다.

둘째, 음악적인 형식이 클래식의 틀을 벗어나서 가요나 현대 음악 쪽

으로 기울어 있다는 점이다.

클래식 음악은 우리의 영혼을 잔잔하게 하고 차분하게 하는 결과를 불러오기 때문에 하나님을 찬양하는 노래에 매우 적합한 형식이다. 그러나 현재 대부분의 복음 성가 음악 형식들은 사람을 흥분시키고 감정을 고조시키는 경우가 많다. 또 노래에 쓸데없는 기교를 포함해 재미있고 쉽게 부를 수 있게 했다고 하지만 이러한 생각은 너무나 단순한 생각이다. 찬송은 재미로 부르는 노래가 아니기 때문이다.

셋째, 복음 성가는 노래를 만든 사람이 검증되지 않은 경우가 많다.

찬송가는 그 노래의 작사자와 작곡자가 명확한데, 이들은 벌써 오래 전에 그의 신앙과 삶이 검증된 사람들이다. 그래서 그 노래들은 마음 놓고 불러도 좋은 노래들이다. 그러나 복음 성가는 누가 그 노래를 작사하고 작곡했는지 명확하지도 않고 그 사람이 지금 어떤 신앙생활을 하고 있는지도 알 수가 없다. 실제로 많은 신자가 애창하는 유명한 복음 성가를 만든 사람이 신앙적으로 큰 문제가 되었던 일도 있다.

찬송가에는 정말 주옥같은 가사와 곡조를 가진 노래들이 많은데, 왜 복음 성가만 고집하는지 이해가 되지 않는다. 현대인들, 주로 청년들이 찬송가를 재미없는 노래로 생각하기 때문에 현대인들이 잘 부르는 찬송을 만들어야 한다고 주장하는 사람도 있다.

한편으로는 일리가 있는 말이지만 하나님 앞에서 부르는 찬송은 노래를 부르는 사람에게 얼마나 재미가 있느냐가 아니라 얼마나 하나님을 찬양하기에 적합한가 하는 것을 먼저 고려해야 한다. 그렇다고 해서 모든 복음 성가를 전부 부정하는 것은 아니다. 다만 노래를 잘 가려서 불러야 하며 특별히 그 노래를 예배에 사용한다면 더욱 신중해야 할 것이다.

2) 밴드 문제

다음은 밴드에 관한 이야기이다. 교회마다 밴드 없는 교회가 거의 없다. 밴드는 주로 전자오르간과 기타, 그리고 타악기를 사용한다. 이런 악기들은 대부분 가요나 세속적인 노래를 연주하는 데 주로 사용되는 악기들이며, 이런 악기들을 고성능 앰프에 연결하여 고막이 터질 만큼 볼륨을 높여 연주하는 것은 사람들을 흥분시키는 일은 모르지만 거룩한 분위기를 연출하는 데는 별로 도움이 되지 않는 것 같다.

필자가 전에 어느 교회의 저녁 집회 설교에 초청을 받고 방문한 적이 있다. 교회에 가까이 왔을 때 요란한 밴드 소리가 들리기 시작했다. 처음 듣는 곡조에 요란한 앰프 기타와 드럼 소리가 너무 생소하여 잠시 이런 생각을 했다.

'이른 저녁 시간인데 벌써 문을 연 나이트클럽이 있나?'

그런데 오래지 않아서 이 소리가 바로 필자가 설교하러 가는 교회에서 복음 성가를 연주하는 밴드의 소리라는 것을 알고 깜짝 놀랐다. 토저(A. W. Tozer) 목사가 그의 책에서 했던 이런 말이 생각났다.

"그들은 다만 세상의 나이트클럽에 마음 놓고 갈 수가 없어서 교회를 나이트클럽처럼 활용하는 것뿐이다."

이 말은 이렇게 예배가 혼란스러운 한국교회에서 한 번쯤은 음미해 볼 만한 소중한 말이라고 생각한다.

3) 워십 댄스

한국교회에 "워십 댄스"(Worship Dance)라는 말이 생긴 것은 그렇게 오래지 않다. 이 말은 소위 열린 예배와 함께 생겨난 용어이다. 워십 댄스를 말 그대로 하면 '예배 춤'인데 당사자들은 하나님을 찬양하는 춤이라고 생각하는 것 같다. 이것은 세상의 발레를 본떠서 만든 것이며 노래로도 하나님을 찬양하듯이 춤으로도 하나님을 찬양한다는 발상의 결과로 보인다.

물론 그 마음은 얼마든지 순수하게 받을 수 있다.

하나님을 찬양한다는데 그걸 누가 막을 수 있겠는가?

그러나 워십 댄스가 신학적으로 어떤 의미가 있는지 혹은 교회 안에서 허용될 수가 있는 일인지는 차치하고서라도 이것이 실제로 교회 안에서 공연되고 신자들이 그것을 억지로 봐야 한다는 데 문제가 있다. 필자의 경험을 솔직히 말하면 본의 아니게 그 공연을 봐야 할 때가 있는데 그때 눈을 어디에 두어야 할지 민망했던 적이 많다.

발레는 아름다운 음악과 함께 발레리나의 아름다운 몸매와 숙련된 기교가 어우러져야 그 가치가 드러난다. 그러나 교회에서 공연되는 워십 댄스는 그렇지 않은 경우가 많다. 누굴 위해서 그런 공연을 하는지 혹시 그 당사자들을 위한 것은 아닌지 묻고 싶을 때도 있다. 실제로 어떤 교회의 워십 팀은 스스로 몇 명이 모여서 팀을 만들고 정기적으로 모여 연습을 하는데 기회만 오면 담임목사님에게 공연할 수 있는 시간을 달라고 요구해서 목사님이 그것을 거절하는 일이 매우 힘들다고 토로한 적이 있다.

발레의 분야를 단순화하고 신앙적인 색깔을 입혀서 그 분야에 관심 있는 신자들에게 취미 삼아 참여하게 할 수 있다. 동호회처럼 모임을 만들고 꾸준히 연습하고 성탄절 행사와 같은 특별한 시간에 공연할 수도 있을 것이다. 그러나 그렇다고 하더라도 워십 댄스보다는 다른 이름을 붙이면 더 좋겠다.

요즘은 교회 안에서 선교나 사역이라는 말을 너무 쉽게 사용하는 경향이 있다. 신자들끼리 취미 삼아 모이는 모임에도 무조건 선교라는 이름을 갖다 붙인다. 예를 들면 "축구 선교회"같은 모임인데 이들이 축구를 통하여 어떻게 선교를 하는지는 전혀 알 수가 없다. 그리고 노래를 잘 부르는 사람들은 "찬양 사역자"라고 하고, 선교방송에 일정한 금액을 헌금하면 "전파 선교사"라고 불러준다. 선교와 사역이 너무 헐값이 된 느낌이 든다. 목회자들의 주의가 필요한 부분이다,

8. 좋지 않은 관행들

한국교회 안에서 유행하고 있는 습관적인 행위 가운데 다음의 3가지에 대하여 문제를 제기한다. 물론 이것들은 죄라고 할 수는 없지만 깊이 생각해 보면 그냥 지나갈 수 없는 심각한 일들이다.

첫째, 소위 "주여 삼창"이다.

이것은 회중들이 통성기도를 하기 전에 큰 소리로 3번 "주여!"라고 하나님을 부르고 기도를 시작하는 습관이다. 언제부터인가 이런 습관이 온 교회에 퍼져서 통성기도는 당연히 그렇게 해야 하는 것처럼 되어 버렸다. '만세 삼창'에서 유래한 것인지는 모르지만 너무 유치하다는 생각이 든다. 한 번도 아니고 두 번도 아니고 왜 세 번 부르는지, 억지로 기도를 뽑아내려고 하는 것은 아닌지 모르겠다.

둘째, 소위 "영광의 박수"이다.

인도자가 뭔가 좋은 일을 말하고, 하나님께 영광의 손뼉을 치자고 하면 회중들이 다 같이 허공에 대고 손뼉을 치는 행위이다. 이 일도 어린아이들이 뭔가를 잘했을 때 어른들이 손뼉을 쳐주는 일이 연상된다. 하나님께 대하여서도 그런 느낌이 들어 왠지 너무 가볍고 불경스러운 생각이 들기도 한다.

셋째, 대표 기도를 할 때 하나님에 대한 수식어로 사용되는 "좋으신 하나님"이다.

물론 하나님은 좋으신 하나님이시다. 이 말에 누가 이견을 달겠는가. 그러나 하나님을 "좋으신 하나님"이라고 표현하는 것은 그냥 "하나님"이라고 하는 것보다 더 못한 것 같다. 하나님께는 우리의 언어 가운데 모든 최상급 언어를 다 사용한다고 해도 부족하기 때문이다.

예를 들면 하나님을 "지극히 높으신 하나님"이라고 해도 이 표현은 부족하다. 왜냐하면, 하나님은 지극히 높은 것보다 더 높으시기 때문이다. "은혜가 한이 없으신 하나님"이라고 해도 그 언어는 또 부족할 수밖에 없다. 그런데도 하나님을 "좋으신 하나님"이라고 표현하는 것은 너무나 잘못된 표현이라고 생각한다.

하나님을 "나쁘신 하나님"으로 생각하는 신자들이 많아서일까?

그 밖에 목회자들이 설교 시간에 "할렐루야," "아멘"을 남발하는 일도 절제되어야 한다. 아무 의미도 없이 단순히 신자들의 호응을 받기 위하여 할렐루야를 하고 아멘을 유도한다. 또 설교자가 "아멘?" 하면 신자들이 "아멘"으로 응답한다. 이런 일들은 모두 너무 가벼워 보이고 장난스럽게 보인다.

심지어 어떤 후배 목사님은 전화를 받을 때 "할렐루야!"하고 받는다. 너무 민망하여서 할렐루야는 예배에 사용되는 용어이지 인사하는 말은 아니라고 하고, 꼭 이런 말이 하고 싶으면 "샬롬"이라고 하는 것이 좋겠다고 말해주었다.

제4장

심방과 상담

심방과 상담은 목회자가 신자를 개별적으로 접촉하는 주요 장치다. 목회자는 예배와 성경 공부를 통하여 신자들을 집단으로 만나고, 심방과 상담을 통하여 신자들을 개인적으로 만난다. 심방의 경우 주로 목회자가 신자들의 집이나 직장, 혹은 병원으로 찾아가지만, 상담은 주로 신자가 목회자를 찾아와서 이루어지는 경우가 많다. 심방과 상담은 목적이나 내용이 엄격히 구분되는 것이 아니라 서로 겹쳐지는 부분을 많이 가지고 있다.

1. 심방

실제로 교회에 처음 나오는 신자들은 목회자가 자신의 가정을 심방하는 일에 대하여 부담을 가진다. 그러므로 무리하게 심방을 강요하지 말아야 한다. 어떤 가정은 교회에 등록한 지 오랜 기간이 지난 후에야 심방을 하는데, 심방을 한 이후에 이전보다 훨씬 더 친밀한 감정을 느끼게 되는 것은 부인할 수 없는 사실이다. 심방을 통하여 서로 많은 것을 알게 되기 때문이다. 심방은 목회자가 절대로 소홀히 할 수 없는 매우 중요한 목회 수단이다.

1) 심방의 중요성

예수님은 이 세상에 친히 사람들을 찾아오셨으며, 또 세상에 계시는 동안에도 길 잃은 양을 찾기 위하여 이곳저곳을 다니셨다(막 1:38). 그리고 제자들에게 병든 자와 옥에 갇힌 자들 돌아보는 일은 곧 자신에게 하는 일이라고 하시면서 심방을 강조하셨다(마 5:37-40). 심방은 예수님의 목회방법을 따르는 일이며 또한 매우 효과적인 목회방법이다.

목회자가 신자의 가정이나 직장을 방문하여 그의 형편을 보고 듣는 일은 목회 활동에 있어서 매우 중요하다. 심방은 자신이 목회하는 신자들에 대하여 많은 이해를 제공하기 때문이다. 목회자는 자신의 신자들이 어떤 환경에서 살고 있으며 어떤 문제 가운데 둘러싸여 있는지 심방을 통하여 인지하게 되며 이러한 지식은 설교와 가르침의 중요한 기초가 된다. 그러나 아무 목적이 없는 심방은 무익한 것이며 지양해야 한다.

2) 정기 심방과 수시 심방

목회자의 심방은 '정기 심방'과 '수시 심방'으로 나눌 수 있다. 수시 심방은 특별한 목적으로 목회자가 신자들의 집이나 직장 혹은 병원으로 찾아가서 말씀을 전하고 대화하는 방식으로 진행된다. 이사나 개업을 했을 때나 병들어 입원했을 때, 혹은 추모식을 행할 때나 가정에 문제가 있을 때 수시 심방이 이루어진다. 그러므로 수시 심방의 횟수는 가정마다 달라서 한 해에도 여러 번이 될 수도 있고 아니면 한 번도 없을 수도 있다.

그러나 정기 심방은 다르다. 정기 심방은 일정한 시기에 일제히 이루어지는 심방이다. 한국교회에서는 전통적으로 '대심방'이라고 해서 1년에 2번, 즉 봄과 가을에 시행했다. 지금도 그대로 실시하는 교회들이 많지만, 사회가 복잡해짐에 따라 연 1회로 줄여, 봄 혹은 가을에 한 번만 심방을 실시하는 교회들이 많아지는 추세이다.

정기 심방은 신자의 가정에 문제가 있든지 없든지 목회자가 신자들의 가정을 찾아간다. 그래서 그 가정의 형편을 살피고 문제를 들으며 기도해 주기 위한 목적이 있다. 정기 심방은 신자는 물론 목회자에게도 꼭 필요한 제도라고 생각된다.

필자는 연 1회 정기 심방을 하는데 그 시기를 1월로 정했다. 기왕에 하는 심방이라면 새해 첫 달에 하는 것이 의미가 있겠다고 생각하고 그 이름을 '신년 심방'이라고 정했다. 신년 심방을 실시하기 전에 미리 가족별로 한 해의 기도 제목을 쓰도록 용지를 나눠주고 심방하는 날 그것을 제출하도록 한다. 그러면 설교를 한 후에 한 사람씩 기도의 내용을 보며 안수 기도를 한다.

이렇게 하게 된 동기는 목회를 해오면서 1년에 한 번이라도 목회자가 신자들에게 안수하며 축복하는 것이 좋겠다고 생각했기 때문이다. 그래서 처음에는 매년 송구영신 예배를 드린 후에 가족별로 나오게 하여 안수 기도를 했다. 그러나 이런 일은 두 가지 이유로 두 해를 넘기지 못하고 끝나게 되었다.

첫째, 신자들이 너무 많이 기다려야 하기 때문이다.

안수 기도를 시작하면 2시간이 넘어야 끝나니 나중에 안수하는 사람은 지루하게 계속 기다릴 수밖에 없다.

둘째, 안수 기도를 하는 목회자 자신이 너무 힘들기 때문이다.

안수 기도를 받는 사람 중에는 고개를 푹 숙이고 있는 사람이 많은데 그 사람들을 안수하려면 목회자가 허리를 굽혀야 한다. 그렇게 한 시간만 안수기도하면 허리가 끊어질 듯이 아파서 도저히 계속할 수가 없게 된다.

이 문제를 해결하기 위한 대안이 바로 신년 심방 때에 안수기도하는 것인데 지금 생각하면 참 잘된 결정이라고 본다.

3) 심방 설교와 기도

심방 때에 전하는 말씀은 그 가정에 대한 맞춤형 설교이다. 그 가정에 가장 적절한 말씀을 준비하여 전할 때 큰 효과가 발생한다. 말씀이 그 가정의 중요한 삶의 지침이 되며 직면한 문제의 해결에 열쇠가 되기도 하는 것이다. 특별히 신년 심방 때에 그들이 작성한 기도 제목을 놓고 함께 기도한 내용은 한 해 동안 그 가정의 기도가 되는데, 연말에 보면 그 기도의 대부분이 이루어져 있는 것을 발견하게 된다. 정말 감사한 일이다.

심방 기록은 언제나 심방록에 잘 기록하고 보존하는 일이 중요하다. 심방 설교의 본문과 심방의 목적, 참석자 등을 기록하여 두면 다음의 심방을 위하여 매우 유용한 자료가 될 수 있으며, 같은 질문을 다시 하거나 같은 설교를 반복하는 일을 방지할 수 있다. 신자들은 의외로 오래된 심방에 대해서도 잘 기억하고 있는 경우가 많다.

4) 생일 카드 보내기

필자는 오래전부터 매년 신자들의 생일 때마다 생일 카드를 보내고 있다. 신자들의 생일을 목회 달력에 기록해 두었다가 그 날이 오면 카드에 간단한 내용을 기록하여 보낸다. 신자들은 목회자가 자신의 생일을 기억하고 있다는 사실에 대하여 매우 감동하고 고맙게 생각하는 것 같다. 어떤 신자는 자신의 가족도 기억해 주지 못하는 자신의 생일을 목회자가 기억해 주었다고 눈물을 글썽이기도 했다.

생일 카드는 처음에는 우편으로 보내주었다. 생일보다 한 주간 정도 앞서서 보내면 생일 전에 받아볼 수가 있다. 그런데 이일은 매우 번거롭고 받는 날짜도 정확하지 않아서 나중에는 교회 현관에 있는 개인 헌금 봉투함에 넣는 것으로 대체했다. 그 주간에 생일이 있는 신자는 주일 예배에 참석하기 전, 헌금 봉투를 꺼낼 때 생일 카드를 함께 받을 수 있도록 한 것이다. 이렇게 하는 것이 목회자에게도 편하고 또 정확해서 오랫동안 이 방법을 사용해 오고 있다. 목회적으로 볼 때, 작은 수고로 큰 효과를 거두는 참 좋은 일이라고 생각된다.

2. 상담

사람마다 차이가 있겠지만 신자들은 웬만해서는 목회자를 잘 찾아오지 않는다. 문제가 있으면 참고 견디다가 정말 더 이상 감당할 수 없을 때, 비로소 목회자를 찾아와 상담을 청한다. 그러나 이때는 이미 문제가 너무 깊어졌거나 상황을 되돌릴 수 없는 경우가 많다.

그러므로 좀 더 사려 깊은 목회자는 신자들이 찾아오기 전에 미리 문제를 파악하고 그를 상담으로 불러내는 목회자이다. 구역장이나 가까운 사람들로부터 그 신자가 처한 문제를 알아내거나 혹은 당사자로부터 자신의 문제를 전화로라도 간단히 말하도록 하면 그것이 상담의 실마리로 사용될 수 있다.

1) 개인 상담과 집단 상담

필자는 가끔 일제히 개인 상담할 때가 있다. 구역별로 날짜와 시간을 정하고 한 사람당 1시간 정도의 시간을 배정하여 상담한다. 이때 원치 않는 사람은 참가하지 않도록 하지만 대부분 상담에 참여한다. 이때는 목회자가 미리 여러 가지 질문의 문항을 정하고 그중에서 몇 가지를 물으면서 대화를 이어간다. 그러면 말하지 않고 있던 여러 가지 문제들이 술술 나올 때가 많다. 이런 상담을 매년 하는 것은 어렵겠지만 가끔은 필요하다는 생각이 든다.

집단 상담의 방식도 교회 안에서 유용하게 활용할 수 있다. 매주 한 구역씩 목회자가 구역회 모임을 인도하는 것이다. 구역마다 구역을 인도하는 평신도 지도자가 있지만, 차례가 돌아온 구역은 목회자를 만나 목회자가 인도하는 구역회 모임을 하는 것이다.

이때 목회자가 질문도 하고 답변도 하면서 신자들의 공통적인 문제들을 파악하고 그 문제에 대하여 성경적인 해결 방법을 제시할 수 있다. 이 방법은 매우 유용한 집단 상담의 방법이라고 본다. 그리고 이 시간을 기다리는 신자들도 많은 것 같다.

2) 목회상담과 심리학

목회자가 상담하려면 심리학이나 상담학에 대하여 많이 알아야 한다고 생각하는 목회자가 의외로 많다. 그래서 심리학이나 상담학을 따로 열심히 공부하는 목회자도 적지 않다. 물론 목회자가 상담할 때에 그러한 학문의 도움을 받는 일도 중요하다. 특히 정신적으로 심각한 문제를 가지고 있는 신자에게는 좀 더 깊이 있는 전문적인 상담 지식이 필요할지도 모른다.

그러나 어윈 루쩌(Erwin Lutzer)의 말처럼 우리가 깊이 성경을 분석하고 연구하면 성경에 이미 심리학적 이해들이 다 담겨 있다는 사실을 알게 될 것이다. 그러므로 성경대로 상담해 주면 된다. 다만 상담에 대한 기본적인 기술은 습득할 필요가 있을 것이다. 그리고 목회상담에서 심리 상담의 이론을 응용하려면 먼저 그 이론이 성경에 부합하는가 하는 문제를 확인하는 것이 중요하다. 목회자는 심리 상담사가 아니라 목회 상담사이다.

3. 심방과 상담에서 주의할 일

심방과 상담을 잘못하면 차라리 하지 않은 것만도 못한 결과를 초래하기도 한다. 상담이나 심방으로 인하여 당사자가 상처를 받거나 교회 안에 큰 문제를 야기할 수도 있기 때문이다. 목회자는 이런 문제들을 사려 깊게 판단하고 심방과 상담에 임해야 한다.

1) 비밀을 누설하지 말라

심방과 상담은 목회자가 신자를 주로 개인적으로 접촉하는 상황이기 때문에 목회자가 자연히 그 사람이나 다른 사람의 비밀을 알게 되는 경우가 많다. 물론 다른 사람에게 알리고 장려할 자랑스러운 비밀도 있지만 그렇게 해서는 안 되는 비밀이 대부분이다.

 신자들은 과거의 비행이나 잘못을 마음속에 담고 살다가 고해성사를 하는 마음으로 목회자에게 털어놓고 마음의 평화를 얻으며 무거운 짐을 더는 결과를 얻는다. 그래서 부끄러움을 무릅쓰고 비밀을 말하는 것이다. 이때 신자들은 자신의 말을 비밀로 해달라는 언급은 하지 않는다고 해도 당연히 목회자가 그렇게 해주리라 생각하며 기대하고 있다.

 그러므로 목회자는 그 비밀을 끝까지 지켜줘야 한다(잠 11:13). 그리고 사람들에게 알리고 장려할 비밀이라고 해도 그에 관한 판단을 매우 신중하게 할 필요가 있다. 그렇지 않으면 신자들이 목회자를 신뢰하지 못할 것이고 따라서 목회자는 신자들에게 다시는 마음속의 얘기를 듣지 못하게 될 수도 있다. 목회자는 신자들에게 언제나 자신이 목회자에 한 말은 안전하다는 신뢰를 주어야 한다.

2) 다른 사람을 비방하지 말라

 목회자는 신자들과의 개인적인 만남을 통하여 다른 신자들에 대한 비방과 험담을 듣는 기회도 적지 않다. 신자들에게는 목회자에게 꼭 알리고 싶은 다른 신자의 잘못이 있으며, 그 사실을 목회자에게 알리는 것을 자신의 사명으로 생각하기도 한다. 그래서 목회자를 단독으로 만나는 자리에서 그동안 말하지 못했던 것을 꺼내놓고 직접 혹은 간접적으로 비난하는 때도 있다.

 이때에도 성실하고 적극적으로 그의 말을 들어주되 바로 맞장구를 치는 일은 자제해야 하며, 특별히 그 사람에게 제삼자의 잘못을 옮기며 비난하는 일은 절대로 금해야 한다(딛 3:2). 좋은 말, 자랑하는 말이라면 몰라도 다른 신자의 잘못을 떠벌이는 일은 목회자에게 전혀 어울리지 않는 행동이다. 특별히 자신이 목회하는 신자를 욕하는 행위는 결국 누워서 침을 뱉는 일과 같다.

3) 지혜롭게 책망하라

목회자는 본의 아니게 신자를 책망해야 할 때가 있는데 상담과 심방의 시간은 당사자의 잘못을 책망할 좋은 기회이다(마 18:15). 그러나 책망의 말을 달게 들을 수 있는 사람은 그렇게 많지 않다. 그러므로 책망하는 방법은 매우 중요하다.

첫째, 단도직입적으로 책망부터 하는 것보다는 우선 그 사람이 그런 잘못을 하게 된 배경과 형편을 듣는 것이 중요하다.

우리가 다른 사람의 잘못을 인지할 때는 대부분 그의 입장보다는 그 반대편에 있는 사람의 관점에서 듣는 경우가 많기 때문이다. 그러므로 누군가를 책망할 때는 당사자의 생각을 충분히 말하도록 한 후에 조심스럽게 잘못을 지적하고 고치도록 해도 늦지 않다(갈 6:1).

둘째, 감정을 가지고 책망해서는 안 된다(딤후 2:25).

목회자가 신자를 책망하는 목적은 그들에게 잘못을 깨닫게 해주는 것뿐만 아니라 그들에게 그 잘못을 고치도록 하는 것이다. 그러나 감정이 섞여 있는 책망은 그 효과를 기대하기보다는 오히려 반발하는 역효과를 얻기가 쉽다.

　심방과 상담에서 있었던 일은 아니지만, 필자가 목회하는 중에 잘못된 책망으로 문제가 되었던 일이 두 번 있었다.

　한 번은 주일 예배에 매번 늦게 나오는 집사를 예배 시간에 공개적으로 책망한 일이다. 이 집사님은 오랫동안 교회에 출석하며 열심히 신앙생활을 하던 신자였는데 외국 생활을 한 후부터 신앙생활이 흐트러졌다. 이 정도의 충격은 감당할 수 있다고 생각하고 공개 책망을 했는데 그 집사님은 다음 주일부터 교회에 나오지 않았다. 뒤도 돌아보지 않고 다른 교회로 가버렸다. 오랫동안 출석하던 교회라도 교회 옮기는 일을 단골 슈퍼마켓을 옮기는 것보다 쉽게 생각하는 신자들이 의외로 많다.

　또 한 번은 교회를 개척한 지 얼마 되지 않아서 어린이 여름 성경 학교를 하게 되었다. 당시에 교회가 2층에 세를 들어 있었는데 평일에 교회에 갔더니 아동부 교사 2명이 넓은 예배실에 에어컨을 켜놓고 율동 연습을 하고 있었다. 옆에 있는 작은 방에서 선풍기를 틀고 연습을 해도 되는데 개척 교회 신자가 왜 이렇게 하는가 싶어서 야단을 치고 에어컨을 껐다. 지금 생각하면 이들은 목사의 책망에 많은 상처를 받았던 것 같다. 결국, 이 사람들도 오래지 않아 교회를 떠나고 말았다.

4) 말을 잘 들어주라

목회자가 가장 많이 받는 유혹 중의 하나는 언제 어디서나 신자들을 가르치려고 하는 것이다. 그래서 신자들을 만나면 대부분 목사가 말을 많이 하고 신자들은 주로 듣는 입장이다. 그러나 더 좋은 방법은 목사는 신자들을 만났을 때 그들로부터 더 많은 이야기를 들어주는 일이다. 신자는 목회자가 상상하는 것보다 훨씬 더 목회자에게 할 말이 많은 사람들이다. 목회자는 되도록 신자들의 이야기를 많이 듣고 신자들을 이해하기 위하여 힘써야 하며 대신 목사는 강단에서 설교로 말해야 한다.

한번은 어떤 가정을 심방했을 때, 여자 신자 한 사람이 자신의 문제를 이야기하기 시작했다. 그 이야기는 1시간이 지나도 끝나지 않고 2시간이 넘어서야 겨우 끝날 수 있었다. 그 신자는 때로는 눈물을 흘리면서 또 콧물을 닦으면서 계속 이야기를 이어갔다. 마지막에 그는 자신의 말을 다 들어주어 고맙다는 말을 했다.

필자가 그에게 하나님께 이런 일에 대하여 기도하느냐고 물었을 때, 그는 자신은 기도할 줄을 잘 모른다고 대답했다. 그래서 지금 나에게 말한 것처럼 하나님께 그렇게 말하는 것이 가장 좋은 기도라고 일러주었다. 같이 동행했던 구역장이 목사님은 어떻게 그 말을 다 들어줄 수 있느냐고 감탄했다. 최고의 심방과 상담은 신자들의 말을 잘 들어주는 것이다.

제5장

교회의 보존

양들이 존재하는 곳에는 언제나 이리 떼가 있다. 이들은 호시탐탐 양들을 노리며 공격할 기회를 찾는다(벧전 5:8). 목회 현장에는 신자들을 미혹하여 믿음에서 이탈하게 하려는 이단 사설과 교회를 약화하며 교회를 무너뜨리려는 악한 세력들의 활동이 교회 안팎에서 줄기차게 진행되고 있다. 목회자의 중요한 직무 가운데 하나는 이들로부터 신자와 교회를 보호하는 일이다.

1. 세례와 입회

세례와 입회는 교회 밖에 있는 사람들이 교회 안으로 들어오는 관문이다. 세례는 처음 교회에 나와 예수를 믿고 신자가 되는 방법이며, 입회는 다른 교회에서 이미 세례를 받은 신자가 본 교회 신자로 편입되는 방법이다. 세례 혹은 입회를 통하여 교회의 정회원이 되면 그때부터 교회 안에서 정당한 의무와 권리를 지니게 된다.

1) 세례

대부분의 교회가 세례의 날을 년 1, 2회로 정하고 그때 성찬과 함께 세례를 베푼다. 필자는 기본적으로 특정한 날을 정하지 않고 대상자가 있을 때마다 언제든지 세례를 할 수 있도록 했다. 대상자들이 생겼을 때 12주 동안 세례 준비반 공부를 하고 문답을 거친 후 세례를 받을 수 있도록 했다.

정기적인 세례는 매년 12월에 고등학교 졸업생을 대상으로 한다. 이들을 수능시험이 끝난 후, 몇 주간의 성경 공부를 이수하게 하고 문답을 거쳐 세례를 받게 하는데 거의 모든 고등학교 졸업생들이 세례를 받으며 학교를 졸업한 후에도 신앙생활을 잘 이어간다.

2) 입회

그리고 목회 초기부터 입회 제도를 철저히 시행했다. 다른 교회에서 세례를 받고 왔을지라도 우리 교회에 전입하면 12주 동안의 교육을 받은 후에 문답하고 입회식을 거쳐서 정식 교인으로 받는다. 다른 교회에서 직분을 받은 신자라고 하더라도 우리 교회가 정한 교육을 받지 않으면 입회를 할 수 없도록 했다. 철저한 세례와 입회 제도는 이단의 위장

전입을 막을 수 있으며, 권리만 강조하고 책임은 외면하는 신자들을 미리 걸러내는 역할을 한다. 그리고 세례나 입회 신자가 아니면 예배의 순서를 맡는 일은 물론 어떠한 교회 일도 맡기지 않는다.

3) 신자 등록

필자의 교회는 교회에 처음 나온 신자들에게 등록하라는 요구를 하지 않는다. 그래서 어떤 신자는 거의 1년 동안이나 등록을 하지 않고 교회에 출석하는 일도 있었다. 도시 교회의 경우, 대부분 신자가 여러 교회를 탐색한 후에 그중의 한 교회를 선택하여 교인으로 등록한다.

이런 일은 자기가 다닐 교회를 선택하기 위한 최소한의 노력으로 보고 처음 나온 신자들에게 등록의 부담을 주지 않는 것이다. 이 일로 인하여 가끔 냉정한 교회라는 오해도 받지만 그래도 이 방법이 더 인격적이고 신앙적이라는 생각이 든다. 교회가 장사꾼처럼 지나치게 친절하고 저자세가 되는 일은 바람직하지 않다고 본다.

어쨌든 세례와 입회 제도는 출석 신자들을 구분하는 최소한의 경계선이며 교회를 지키는 외부성벽과 같다. 이 제도가 무너지면 교회와 세상의 구분점도 희미해지고 교회는 그만큼 세상에 맨살로 노출될 수밖에 없다. 엄격하고 철저한 세례와 입회 제도의 시행은 교회를 보호하는 중요한 수단이다.

2. 교회 안의 문제

본회퍼(Dietrich Bonhoeffer)는 '성화'란 교회를 세상과 구별시키는 것일 뿐 아니라 교회에서 세상을 몰아내는 것을 의미한다고 했다. 교회 안에서 일어나는 문제들은 대부분 교회를 약화하고 교회를 교회답지 못하게 만들려는 시도이다.

이런 일은 대부분 신앙의 연조는 길지만 참된 믿음을 가지지 못한 사람들을 통하여 일어나고 있다. 목회자는 이들을 분별하고 이런 사람들이 교회에서 중추적인 역할을 하지 못하도록 막아야 한다. 이것이 곧 교회의 성화를 위한 목회자의 중요한 임무 가운데 하나이다.

1) 교회를 이용하려는 시도

교회는 하나님을 믿고 섬기는 신앙 공동체이다. 그러므로 바른 신자들의 공통된 관심사는 "어떻게 하나님을 사랑하고, 어떻게 하나님 앞에서 바른 신자로 살아갈 것인가?"라는 문제이다. 그런데도 교회 안에는 이러한 문제에는 무관심하고 다른 일로 교회를 이용하려는 신자들이 적지 않다. 이들은 주로 세 가지 부류의 신자들인데, 정치인과 사업가, 그리고 교회에서 지위와 명예를 목표로 하는 사람들이다.

정치인 가운데는 표를 얻으려는 목적으로 교회에 출석하는 사람들이 있고, 사업하는 사람 중에는 사업에 도움을 얻으려고 교회에 출석하는 사람들이 있다. 목회자는 이런 사람들로부터 교회가 피해를 보지 않도록 돌봐야 한다. 실제로 어떤 작은 교회는 다단계 사업을 하는 신자 하나로 인하여 교회가 완전히 붕괴한 적이 있고 또 어떤 교회는 한 신자가 사업을 한다고 다른 신자들에게 돈을 빌리고 갚지 않음으로써 교회 전체에 큰 분란이 생긴 예도 있다.

교회를 약화하는 가장 흔한 요인은 교회에서 지위와 명예를 추구하는 사람들이다. 이들은 하나님과의 관계에는 전혀 관심이 없고 오직 신자들과 원만한 관계를 유지하면서 교회 안에서 더 비중 있는 지위를 확보하고 더 영향력 있는 자리로 올라가려고 애쓴다. 이들은 대부분 신앙의 내용보다는 종교 행위에 집착하며 연조와 직분과 경력을 앞세우며 이를 자랑한다(마 7:22). 이런 사람들이 교회에서 득세하면 교회는 약화하고 교회 본래의 모습을 상실하게 된다.

목회자는 교회를 잘 돌아보아 이들의 활동을 경계해야 한다. 그리고 교회 안에서 믿음 있는 사람들이 중심에서 일하도록 배려해야 한다. 필자는 교회를 지키기 위하여 다음과 같은 3가지 방안을 활용했다.

첫째, 남·여전도회를 조직하지 않았다.

교회 대부분의 직분은 목회자가 관여하여 세우지만 남·여전도회의 회장이나 임원은 스스로 선거를 하여 선출한다. 남·여전도회장은 그 영향력이나 권한이 매우 크지만 믿음 없는 사람이 선출되는 경우가 허다하며, 그 기관의 운영에서도 목적이나 방법이 신앙과는 무관할 때가 많다. 이 단체는 하는 일이 분명하지 않은 하나의 친교 조직이며 오히려 목회자의 목회에 도움이 되지 않는 경우도 적지 않다.

어떤 교회의 남전도회장이 담임목사를 찾아와서 자신들이 하는 일에 간섭하지 말라 했다고 한다. 그래서 그 목사님이 남전도회는 어디에 소속된 기관이냐고 물었다는 말을 들은 적이 있다. 믿음 없는 사람이 교회 안의 영향력 있는 기관의 책임자가 되면 교회는 그만큼 약화할 수밖에 없다.

둘째, 직분보다는 믿음을 중심으로 일을 맡긴다.

물론 직분을 처음 맡길 때는 신중하게 하지만 그 직분을 수행할 수 없는 상황이 되든지 아니면 그 사람의 믿음이 식어지고 변질될 때에는 그 직분을 교체해야 하는 것이 정상이다. 그러나 집사, 권사, 장로와 같은 직분은 한 번 임명하면 그 직분을 뗄 수 없는 경우가 많다.

물론 대부분 집사는 서리 집사이기 때문에 집사의 직분을 면할 수 있지만 그렇게 하는 것은 현실적으로 대단히 어려운 일이다. 필자는 집사의 직분을 매년 새로 임명해 보기도 하고 또 다음 해에는 집사의 직을 박탈해 보기도 했지만, 부작용 때문에 이 일을 오랫동안 계속하지는 못했다.

그래서 생각해낸 것이 직분과 상관없이 일을 맡기는 방법이다. 집사, 권사와 같은 직분은 그냥 두고, 직분과 상관없이 믿음이 충만한 사람을 중심으로 한 해 동안 교회 안의 중요한 일을 하게 하는 방법이다. 이렇게 했을 때, 집사나 권사가 맡는 구역장의 일을 직분을 가지지 않은 일반 신자가 맡게 되는 경우도 생긴다. 이와 같은 방법은 교회를 교회답게 하는 데 있어서 매우 유익한 효과를 발휘했다.

셋째, 교회 일은 되도록 매년 순환하여 맡게 한다.

교회의 특정한 업무를 한 사람이 계속 맡는 것이 아니라 비슷한 업무를 돌아가며 맡도록 하는 방법이다. 한 사람이 오랫동안 같은 일을 하게 되면 유익한 부분도 있지만, 또 많은 부작용이 생겨난다. 부작용이란 그가 맡은 일을 바로 하지 못할 때도 다른 사람으로 교체할 수 없다는 점이다. 왜냐하면, 같은 일을 오래 한 사람은 대부분 자기가 아니면 그 일이 안 된다는 교만과 결코 자기의 일을 다른 사람이 해서는 안 된다는 아집을 가지고 있기 때문이다.

　필자의 교회에 여러 해 동안 반주를 해 오던 집사님이 있었다. 피아노를 정식으로 배우지 않았을 뿐만 아니라 피아노에 전혀 재능이 없는 분이지만 다른 사람이 없어서 임시로 맡겼다가 여러 해가 흘렀다. 피아노를 잘 치는 학생이 고등부에 있었지만, 고등학생에게는 교회 일을 맡기지 않는다는 원칙이 있었다. 그 후에 그 학생이 고등학교를 졸업하고 대학부에 올라오자 성가대의 반주자를 교체했다. 그런데 오랫동안 반주를 하던 집사님이 그 상황을 감당하지 못하고 불만이 가득하여 지내다가 결국 교회를 나가고 말았다.

　그 후로 교회 일은 한 사람이 독점하지 않고 같은 은사를 가진 신자들이 돌아가며 감당하는 제도가 정착되었다. 그래서 특별한 일이 없으면 매년 부서와 업무를 바꿈으로써 신자들에게 교회 일에 대해 쓸데없는 집착을 하지 않도록 하고 있다. 그래서 이제는 모든 신자가 자연스럽게 이런 제도를 받아들이게 되었다.

　물론 전문성에서는 마이너스 요인도 있겠지만 교회 일이 그렇게 전문성이 요청되는 일은 아니다. 반면 신자 개인의 영적인 유익이나 교회에 미치는 유익은 말로 다 할 수가 없다.

2) 교회 질서를 무시하는 일

교회의 질서를 무시하는 일은, 어떤 의미에서 이단 사설보다 더한 교회에 매우 치명적인 일이다. 이단 사설은 교회 밖에서 교회를 공격한다면 교회의 질서를 무시하는 일은 교회 안에서 교회를 공격하는 것과 같기 때문이다. 그래서 성경은 교회 안에서 신자가 교회의 질서를 어지럽게 할 때는 그를 처벌하여 교회를 지키라고 명령하고 있다(갈 5:12). 그러나 실제로 오늘날 교회 안에는 이들에 대한 치리가 거의 사라져 버리고 말았다.

물론 지역교회의 상위 기관, 즉 지방회(노회)와 총회에서는 치리를 행하고 있지만, 그것도 잘못된 신자를 치리하기 위한 일보다는, 신자가 목회자를 고발하여 재판을 진행하는 일이 대부분이다. 목회자에 대한 고발 사유도 진정으로 교회 공동체를 위한 것이라기보다는 주로 직분의 임명에 관계된 문제가 아니면 개인적인 감정에서 비롯된 경우가 많은 것 같다. 치리의 원래 목적은 목회자가 잘못된 신자들을 처벌하기 위한 것인데 거꾸로 신자들이 목회자를 처벌하기 위하여 이 제도를 사용하고 있다는 느낌이 들기도 한다.

목회자가 신자를 처벌하는 일이 실제로 어려운 것은 신자가 처벌을 받게 되는 경우, 다른 교단으로 가버리면 그만이기 때문이다. 그러나 목회자는 처벌을 받는다고 해서 쉽게 교단을 옮길 수는 없다. 그래서 교회 안에는 까닭 없이 목회자를 비방하고 대항함으로써 교회의 질서를 혼란시키는 일들이 비일비재하다. 교회를 무시하고 목회자의 권위를 인정하지 않는 신자들이 목회자를 무례하게 대하며 교회의 질서를 허물고 있다.

가끔 별것도 아닌 일로 자기 교회 신자로부터 고발을 당하여 교단이나 사회법정에서 재판을 받는 목회자를 보면서 자식에게 고발당한 아버지의 심정을 느낀다. 만약 필자가 이런 일을 당한다면 억울한 판결을 받는다고 해도 일체 대항하지 않겠다는 생각을 한다. 목회자가 신자와 다투는 일은 한없이 부끄러운 일이며 또 하나님은 모든 것을 아시기 때문이다.

어쨌든 이런 신자들을 어떻게 대하며, 어떻게 교회의 질서를 유지해 갈 것인가 하는 문제는 모든 목회자가 공통으로 직면하는 문제이다. 오늘과 같은 상황에서 목회자가 교회를 철저하게 치리한다는 것은 현실적으로 불가능할지도 모른다. 그러나 목회자가 이러한 문제를 그냥 덮어둘 때, 그 문제는 점점 더 보편화하고 확대되어서 교회가 더욱 교회답지 못한 교회로 전락할 수밖에 없고 목회자의 진정한 목회활동은 불가능하게 된다.

목회자는 교회의 질서를 훼손하는 신자들을 법적으로 치리하지는 못한다고 해도 그들이 그런 행동을 하면서 계속 교회에 남아있도록 하는 일만큼은 막아야 할 것이다. 다시 말하면 그러한 사람들이 스스로 교회를 떠나게 하는 것이 가장 좋은 방법이라고 할 수 있다. 필자가 교회의 순수성을 이만큼이라도 지켜올 수 있었던 것은 교회 질서를 무시했던 사람들이 스스로 교회를 떠났기 때문이라고 생각되며 이런 일은 안타까운 일이지만 어떤 의미에서는 다행스러운 일이기도 하다.

그러나 만약 교회 안에 목회자를 대적하는 세력이 생기고 그들이 교회를 떠나지 않고 계속 문제를 만든다면 이유가 어떻든지 그때는 목회자가 교회를 떠날 수밖에 없는 상황이라고 본다. 그것이 교회와 목회자 자신을 위하는 일이기 때문이다. 그렇지 않으면 교회는 긴 진흙탕 싸움에 빠지게 되고 목회자는 돌이킬 수 없는 상처를 입게 될 것이 분명하다.

3. 교회 밖으로부터의 도전

교회 밖으로부터 교회를 공격하는 것은 주로 이단 사설이다. 이들은 초대교회 때부터 교회를 공격해 왔으며 지금 그 공격은 더욱 거세어지고 있다(마 24:4-5). 교회들은 이단 사설로부터 큰 피해를 받고 있으며 이러한 일은 점점 더 증가하여가고 있는 추세이다. 그 밖에 근래에 와서 매우 공격적으로 활동하는 이슬람의 위협과 동성애와 공산주의를 비호하는 무리의 영향력도 교회가 대처해야 할 위험한 세력들이다.

1) 타 종교

통계에 의하면 개신교 신자 가운데 가톨릭으로 개종하는 사람들이 적지 않다고 한다. 개종하는 이유가 여러 가지가 있겠지만 단순히 개신교는 시끄러운데 가톨릭은 조용하고 경건한 인상을 준다는 것이다. 대부분의 교회가 종교개혁 주일 설교를 통하여 가톨릭의 잘못된 교리를 알게 하지만 그것으로는 부족하리라고 생각된다. 목회자는 개신 교회가 가톨릭과 무엇이 다르며 왜 천주교회에서 개신교회가 분리하게 되었는지를 분명하고 확실하게 반복적으로 가르쳐 주어야 할 것이다.

그리고 이슬람에 대한 경계도 한층 높여야 한다. 벌써 이슬람의 공격적인 선교와 난민 문제 등으로 이슬람의 접근이 피부에 와 닿고 있는 실정이다. 신자들 가운데도 이슬람에 대하여 호의적이거나 관대한 마음을 가진 사람들이 적지 않다. 그러므로 목회자는 이슬람에 대해서도 좀 더 자세하고 정확하게 가르침으로써 그들에 대한 경계를 강화해야 한다.

이슬람에 대한 자료는 인터넷에서 쉽게 찾을 수 있으므로 목회자가 모든 자료를 검색하고 잘 선별하여 가장 효과적인 것을 신자들에게 보여주면 좋을 것이다. 이미 피해가 생긴 다음에 조치를 취하는 것이 아니라 예방주사를 맞는 것처럼 미리미리 준비하여 가르치는 것이 상책이다.

2) 이단

목회자의 매우 중요한 일 가운데 하나는 교회와 신자들을 이단으로부터 지키는 일이다. 많은 교회가 이단으로부터 피해를 보고, 많은 신자가 이단에 넘어가고 있는 현실이다. 목회자는 이단의 활동을 예의 주시하면서 이들이 교회를 공격하는 방법을 깊이 연구하여 그들의 계략을 사전에 차단해야 한다.

목회자가 깨어 있으면 얼마든지 이단의 활동 동향을 예측할 수 있으며 이에 대한 대책도 어렵지 않게 수립할 수 있다. 필자는 특정 이단의 활동이 시작될 때에 미리 그 동향을 파악하고 그 이단에 대하여 집중적으로 가르친다. 사경회 시간을 활용하여 영상으로 자료를 보게 하고 또 그 내용을 요약하고 정리해 줌으로써 그들의 주장에 속지 않도록 미리 예방한다. 이렇게 함으로써 이단의 공격을 사전에 차단할 수 있었다.

그리고 신자들을 위한 모든 교육의 내용은 목회자가 먼저 듣거나 보고 신자들에게 유익한 내용임을 확인한 후에 신자들이 접하게 하는 것이 좋다. 지금까지 신자들에게 많은 영상물을 시청하게 했지만, 그중에서 하나라도 나 자신이 먼저 보지 않고 신자들에게 보게 한 것은 없다. 모든 내용을 신자들의 입장에서 본 후에 정말 유익하다고 판단될 때만 신자들이 보게 했다.

교회 안에 강사를 세우는 일도 마찬가지이다. 그냥 소문만 듣고 그 사람을 부르지 않았다. 교회에 부르기 전에 먼저 가서 그 사람의 강의를 듣고 판단했다. 전에 안면이 있는 목사님 한 분이 외국에서 공부하고 왔다고 자기를 한 번만 교회에 불러달라고 요청했다. 하도 여러 번 청탁이 와서 한 번 초청해야겠다고 생각하고 마침 그분이 강의를 하는 교회를 찾아가서 한 시간 동안 그 강의를 들었다. 그런데 그 강의 내용은 나 자신도 이해하기가 힘들었을 뿐만 아니라 신자들에게 유익은 고사하고 오히려 혼란을 줄 것으로 판단했다.

그래서 그 후로는 그 사람을 교회에 초청하려는 생각을 접었다. 잘못된 한 번의 설교와 강의는 신자들에게 막대한 피해를 줄 수 있기 때문이다. 필자는 신자들 앞에 세우는 강사는 항상 철저한 검증을 한 후에 세운다.

3) 잘못된 교리와 사상

교회 안에는 자유주의 신학자 혹은 자유주의 신앙인들이 있다. 이들은 같은 하나님을 믿는다고 하지만, 그들의 신앙은 도저히 용납하거나 함께 할 수가 없는 것이다. 그러므로 이들이 무엇을 주장하고 있으며 무엇이 잘못되었는지를 바로 가르쳐야 신자들이 그들의 잘못된 신앙에 물들지 않을 수 있다.

또 교회 안에는 동성애를 주장하는 목사가 있는가 하면 공산주의를 정당화하는 목사도 있다. 이들은 잘못된 신학에 사로잡혀 교회를 오염시키며 신자들을 혼란에 빠뜨리고 있다. 이런 잘못된 교리와 사상이 무서운 것은 이것이 교회와 목회자들을 통하여 주장되기 때문이다. 목회자는 이제 결국 교회로부터 교회를 지킬 책임도 떠안게 된 것이다.

목회자는 자신의 교회와 신자들을 지키기 위하여 부지런히 주위 환경을 살펴야 한다. 그리고 위험이 닥치기 전에 예방 조치를 취하여야 하는데 이것은 빠를수록 좋다. 조금만 늦으면 벌써 피해를 입는 신자가 발생될 수 있기 때문이다.

예방주사는 그 병이 돌기 전에 미리 맞아야 효과가 있듯이 사전 교육은 매우 중요한 효과를 나타낸다. 목회자 자신에게 이 모든 것에 대하여 전문 지식이 부족하다고 해도 열심히 자료를 찾고 공부를 하여 신자들에게 알려주지 않으면 안 된다. 그리고 외부의 전문 강사를 초청하는 방법도 있을 것이다.

필자의 경우에는 신자들에게 교회 밖에서 행하여지는 모든 종교적인 활동은 언제나 먼저 목회자의 허락을 받을 것을 요구했다. 다른 교회에서 이루어지는 부흥회나 신앙 집회, 혹은 기도원에 가는 일도 미리 누가 인도하는 어떤 집회이며, 어떤 기도원인지 알리고 허락을 받으라고 한다. 특별히 교회에서 신앙을 인정받지 못하는 신자들이 이런 교회 밖의 집회를 선호하는 경향이 있다. 이들은 뭔가 특별한 것을 배워 와서 그것을 다른 신자들에게 과시하려고 하는 마음이 있기 때문이다.

지금까지의 목회 중에 꼭 한 번 이런 일이 있었다. 두 사람의 집사들이 멀리 떨어진 다른 교회에 가서 위성으로 진행하는 어떤 강사의 소위 영성 강의를 몇 달째 듣고 있었다. 뒤늦게 그 사실을 알고 그 사람들을 불러서 그 모임의 잘못된 점을 알려주었다. 그리고 그곳에 더 이상 가지 않고 우리 교회에 다니든지 아니면 교회를 떠나라고 말했다. 그 결과 한 사람은 교회에 남고 한 사람은 교회를 떠났다. 이단 사설에 대한 대처는 언제나 단호해야 한다.

제6장

교회 운영

목회자는 교회라는 단체의 운영자이다. 목회자에게는 위에서 언급한 목회자로서의 고유하고 중요한 직무가 있지만, 교회의 최고 관리자로서의 직무도 그에 못지않게 중요하다. 교회는 하나의 조직체이며 따라서 교회도 효율적으로 관리되지 않으면 안 된다. 여기서는 교회 관리에 따르는 목회자의 행정적인 직무에 대하여 언급한다.

1. 교회 운영의 원칙

교회는 세상에 존재하는 여러 기관 가운데 하나이기 때문에 교회의 운영에도 일반적인 원칙이 적용될 수밖에 없다. 그러나 세상의 모든 단체는 사람이 그의 필요에 따라 세웠지만, 교회는 예수님께서 세우셨다. 이런 점에서 교회는 다른 단체와 구별되며 그 운영에도 다른 방법이 적용될 수밖에 없다.

1) 성경 중심

목회자는 교회를 운영할 때에 언제나 성경적인 테두리를 벗어나서는 안 된다. 교회에 도움이 된다면 어떤 방법도 문제 될 것이 없다는 생각은 합당하지 않다. 예루살렘에 입성하신 예수님은 모든 일보다 먼저 성전을 깨끗게 하셨다(요 2:13-17). 목회자는 언제나 하나님 앞에 합당한 방법으로 교회를 운영해야 할 것이다.

교회 운영을 성경 중심으로 해야 한다고 하면 아무도 반대하지 않을 것이다. 그러나 실제로 목회 현장을 눈여겨보면 성경에 부합하지 않는 부분들이 의외로 많다. 오래된 관행이라고 해서 그대로 지켜져 오는 것들인데 반드시 성경을 통하여 걸러지고 교정되어야 한다.

한 가지 예를 들면 교회에서 직분을 세울 때 일정한 헌금을 하도록 하는 일은 고쳐야 할 관행이다. 직분을 받을 때 감사한 마음을 가지는 것은 당연하지만 그렇다고 해서 똑같은 금액의 헌금을 내게 하거나 일정한 회비를 걷는 일을 당연시해서는 안 된다. 이런 일은 마치 돈을 내고 직분을 사는 것과 같은 잘못된 인식을 당사자에게는 물론 다른 신자들에게 줄 수 있기 때문이다.

2) 규칙 준수

교회 모든 부분의 관리는 원칙대로 해야 한다. 어떤 목사님이 이런 말을 했다. 원칙을 어기고 대강하는 일은 은혜로운 시절에는 문제가 되지 않지만 일단 사건이 발생하게 되면 전부 다 문제가 될 수밖에 없다는 것이다. 원칙대로 하는 일은 좀 번거롭고 불편하기도 하지만 그래도 그것이 안전하다.

필자의 경우, 교회를 개척하던 시기에 회계 일을 보는 집사님에게 때때로 교회 장부를 집으로 가져가도록 허용했다. 교회 장부는 원래 교회 안에서 정리하고 또 교회 안에 비치해 두어야 하는데 편의를 위하여 그렇게 했다.

그런데 그 일이 평소에는 아무 문제가 되지 않았지만, 그가 목회자와의 사이가 나빠지자 장부의 내용을 정밀하게 실사하고 꼬투리를 잡아 목사가 교회 돈을 횡령했다고 주장했다. 물론 모든 것을 해명하고 증명하여 그 일이 무고임이 드러났지만, 원칙대로 교회 장부를 교회에 두도록 했으면 일어나지 않았을 일이었다.

다른 하나는 교회 헌금함에 관한 이야기이다. 필자의 교회는 신자들이 예배당에 들어올 때 헌금함에 각자 헌금을 넣으면 예배 시간 중에 헌금을 봉헌하게 되어 있다. 즉 주일 아침, 예배를 드리기 전에 헌금함을 자물쇠로 잠가두면 봉헌 시간에 담당자가 열쇠를 사용하여 헌금을 바구니에 옮겨 담아 강단으로 가져온다. 그런데 한동안 그 일이 귀찮다고 생각하여 자물쇠를 잠그지 않고 사용했다. 모두 신자들인데 설마 무슨 일이 있겠는가 하고 방심했기 때문이다.

그런데 어느 주일에 신자 몇 명이 헌금자 명단에 자신의 이름이 없다고 알려 왔다. 주보에 항상 전 주일 헌금한 신자들의 명단이 나가는데 자신들의 이름이 헌금자 명단에서 빠졌다는 것이다. 아무리 점검을 해 봐도 이상이 없었다. 그런데 다음 주일에 또 같은 일이 발생했다.

분명한 헌금 도난 사건으로 보고 조사를 했는데 결국 한 신자의 어린 두 딸이 예배 전에 헌금함에 미리 드려진 헌금을 훔쳤던 것으로 드러났다. 이 일도 원칙대로 헌금함을 잠갔더라면 일어나지 않았을 일이었다. 그 아이들이 헌금함을 부수지는 않았을 것이기 때문이다. 그 후부터는 언제나 모든 일에 원칙을 지키는 일을 중요하게 여기게 되었다.

3) 신자들의 참여

필자는 청년 시절에 당시로는 꽤 큰 규모의 교회에 출석했다. 교회 안에 신자들이 많음에도 불구하고 필자는 힘에 지나도록 많은 교회 일을 맡아야만 했다. 왜냐하면, 그 교회 담임목사님은 교회 일은 결국 몇 사람이 맡아 감당할 수밖에 없다는 신념을 가지고 있었기 때문이다. 그때의 경험을 통하여 필자는 교회 일은 되도록 많은 사람이 골고루 나누어 맡는 것이 좋다는 생각을 가지게 되었다.

필자는 교회의 모든 직분은 임명을 원칙으로 하고 있다. 성가대원이나 구역장, 또는 각부 교사나 회계와 같은 대부분의 중요한 직책은 모두 목회자가 임명한다. 중요한 직분을 자원하게 하여 아무나 맡도록 해서는 안 된다고 생각하기 때문이다. 그러나 본인이 자원하여 일할 수 있는 분야가 꼭 하나 있는데 이것은 교회 건물의 각 부분을 맡아 청소하는 일이다. 매년 연말이 되면 다음 해의 청소 당번을 모집한다. 청소할 지역을 나누어 1, 2명 또는 3, 4명이 함께 청소할 수 있도록 구분하여 게시판에 게시한다.

화장실이나 현관과 같은 곳은 1명이, 예배실이나 사경회실 혹은 식당과 같은 곳은 3, 4명이 함께 청소하도록 한다. 그렇게 하면 대개 2, 30명 정도의 인원이 소요되는데 원하는 신자들은 해당란에 각자 자원하여 이름을 적는다. 그리고 1년 동안 한 주간에 한 번, 언제나 자기가 원하는 시간에 나와서 청소를 한다. 물론 여러 명이 함께 청소하는 곳은 서로 시간을 맞추어 같은 시간에 나와서 청소를 한다. 이것은 모든 신자가 교회에 관심을 가지고 작은 일이라도 함께 참여하도록 하기 위함이다.

4) 편리한 교회 생활

목회자는 신자들에게 효율적인 신앙생활을 하도록 배려해야 한다. 쓸데없는 규정을 많이 만들어서 하지 않아도 될 일을 하게 함으로써 신자들을 힘들게 해서는 안 된다고 생각한다. 되도록 신자들이 편하고 즐겁게 교회 생활을 하도록 교회의 제도와 시설을 마련하는 것이 목회자의 임무이다.

필자의 교회에는 교회 현관에 큰 개인 사물함이 있다. 성경 찬송 혹은 성경 공부 교재를 두기 위한 시설이다. 요즘은 성경과 찬송가 책이

흔해서 집에도 있고, 직장에도 있고, 차 안에도 있고, 교회에도 있다. 그래서 교회에 나올 때 성경 찬송을 가지고 다니는 사람이 많지 않다. 그리고 예배당이나 새벽 기도실에 자기 자리를 지정해 두고 그곳에 성경과 찬송가를 두고 다니는 신자들이 많다.

그러나 이렇게 하면 보기에도 좋지 않고 특히 청소할 때에 많은 불편을 준다. 대안을 생각하다가 현관에 개인 사물함을 만들게 되었다. 성경과 찬송가 그리고 사경회 시간에 공부하는 교재, 필기도구 등을 넣을 수 있을 만큼의 작은 공간을 개인이 사용함으로써 자리를 많이 차지하지 않으면서도 신자들이 매우 유용하게 사용하고 있다.

인터넷 홈페이지도 신앙생활에 매우 유용하다. 필자의 교회는 처음에는 교회 행사에서 촬영한 사진을 올리거나 광고를 하고 정보를 교환하는 등 신자들과의 소통을 위하여 홈페이지가 사용되었다. 그 후에는 주일설교의 요약본을 매 주일 올려서 신자들에게 들은 말씀을 다시 읽을 수 있도록 하였으며 그다음에는 또 주일 설교를 음성 파일로 만들어서 언제나 내려받아 들을 수 있도록 했다. 홈페이지는 현재 우리 교회 신자만 아니라 우리 교회 밖에 있는 사람들도 많이 활용하고 있다.

5) 교회시설 개방 문제

교회의 시설을 일반에 개방하는 일은 신중하게 결정해야 할 일이다. 교회 주차장이나 운동 시설 혹은 예배당 등을 개방했을 때에 주로 누가 혜택을 입을 것이며 또 그 결과는 어떻게 될 것인지를 세밀하게 점검해 봐야 한다. 잘못하면 좋은 의도로 착한 일을 하고도 욕을 먹게 되는 결과가 생길 수 있기 때문이다.

필자의 경우에는 예배당을 새로 짓고 그 예배당을 개방하기로 했다. 누구든지 지나가다가 들러서 기도할 수 있도록 하겠다는 의도에서였다. 그런데 이런 좋은 생각은 6개월도 지나지 못하고 접을 수밖에 없었다. 그 기간 기도하러 온 사람은 한 손에 꼽을 정도였고 대부분은 다른 용도로 교회를 찾았다.

물질의 도움을 달라고 찾아온 사람들과 물건을 팔기 위하여 찾아온 사람들이 대부분이고, 그밖에 뭔가를 훔치려고 온 사람들, 심지어는 술에 취하여 예배당 안에 들어와서 아무 데나 소변을 보거나 심지어 계단에서 대변을 보고 가는 사람까지 있었다. 또 교회 주차장은 매우 한정된 사람들만 사용할 뿐 아니라 그곳에 담배꽁초나 차 안에 있던 쓰레기를 버리고 가기도 했다.

이런 모든 일을 감당할 수 없다면 처음부터 교회는 개방하지 않는 것이 나을지도 모른다. 물론 교회시설을 관리하는 책임자가 따로 있다면 모르지만, 대부분의 교회는 그렇지 못하기 때문에 교회시설의 개방은 신중하게 생각해야 할 것이다. 필자의 교회는 현재 교회시설에 번호 키를 장착하고 필요한 신자들은 언제든지 와서 사용할 수 있도록 하고 있다.

2. 주일의 교회 생활

신자란 교회를 중심으로 살아가는 사람이다. 그들은 정기적으로 교회에 나와 예배를 드리며 하나님의 말씀을 배우고 또 교회를 통하여 봉사하며 세상에서 하나님을 섬기며 살아간다. 그러므로 신자에게 있어서 교회 생활은 모든 삶의 중심이 된다. 목회자는 신자들에게 즐겁고 평안한 교회 생활을 하도록 배려해야 한다.

신자들의 교회 생활은 주일을 중심으로 이루어진다. 새벽 기도회나 삼일 기도회에도 교회에 나오지만, 그 중요성이나 교회에서 보내는 시간의 크기는 주일과 비교할 수가 없다. 결국, 신자들의 교회 생활은 대부분 주일에 이루어진다고 봐도 과언이 아니다. 다른 날은 잠깐 교회에 모였다가 돌아가지만, 주일은 여러 가지 목적으로 더 많은 시간을 교회에서 보낸다.

1) 주일 집회 일정

필자의 교회에서 오랫동안 시행하고 있는 제도가 있다. 신자들이 가족별로 함께 교회에 나왔다가 함께 돌아가게 하는 제도이다. 주일 예배를 오전 11시에 드리는데 이때 가족들이 다 함께 교회에 나온다. 통제되지 않는 유아들은 보호자와 함께 유아실에서 예배를 드리고 말을 알아듣는 아이들은 부모와 함께 예배실에서 예배를 드린다. 처음에는 예배 분위기에 약간의 문제가 있기도 했지만 얼마 후에 이 문제는 곧 사라지게 되었다.

12시에 예배를 마치면 전 가족이 교회 식당에서 점심을 먹는다. 점심은 주일 예배에 참석한 거의 모든 신자가 다 함께 먹는다. 점심을 마치면 식사 당번 외에는 모든 신자가 남은 시간 동안 교회 카페나 다른 교회시설에서 차를 마시며 교제를 한다.

그 후 1시부터 분반 성경 공부를 시작한다. 분반 공부는 아동부, 중고등부, 청장년부로 나누어서 한 시간 동안 진행되며 2시가 되면 모든 공식적인 교회 모임이 끝나게 되고 부모들은 자녀들과 함께 집으로 돌아간다. 대부분 신자는 주일 오전 11시에 교회에 와서 3시간 동안 함께 머무르고 집으로 돌아가게 되는 것이다.

이 3시간 동안 예배와 성경 공부와 교제가 이루어진다. 분반 성경 공부 이후에는 찬양대 연습 시간이 있고 그 후에는 청년부 모임을 한다. 장년부의 경우에는 주일 5시 이후에 구역회 모임을 한다. 구역별로 그 주간의 편리한 시간에 구역회 모임을 하도록 하지만 대부분은 주일 저녁 시간에 모이고 있다.

필자의 교회는 신자 수에 비해 시설물의 공간이 넓은 편이다. 그러므로 공간이 부족하여 시차를 두고 모일 필요가 없다. 만약 아동부 모임이 주일 아침 시간이나 저녁 시간에 있다면 그들을 교회에 실어오기 위하여 자동차를 운행해야 할 것이다. 온 식구가 다 함께 교회에 왔다가 또 다 함께 돌아갈 수 있게 하면 주일마다 매우 편리한 교회 생활이 가능하다.

2) 주일 새벽 기도회

주일 새벽에는 새벽 기도회를 하지 않는다. 주일 식사 당번이나 찬양대원, 성찬 준비위원 등 특별한 임무를 맡은 신자들은 주일 아침 일찍이 교회에 나와야 하므로 새벽 기도회가 있으면 주일의 일정이 너무 분주하고 피곤해질 수밖에 없다. 또 주일은 하루 종일 예배와 기도와 성경 공부가 넘치는 날이기 때문에 새벽 기도회를 하지 않고 토요일 밤을 푹 쉬고 와서 교회 생활을 하도록 배려한 것이다. 그래서 교회를 개척하던 초기부터 주일은 새벽 기도회를 하지 않도록 했다. 단, 부활 주일은 예외로 했고 또 주일이 성탄절과 겹칠 때도 예외로 했다.

3) 차량 운행

필자의 교회는 버스나 소형차를 운행하지 않는다. 개척 교회를 시작할 때부터 이 일은 하지 않기로 마음을 먹고 그대로 실행했다. 한 번은 어떤 분이 전화를 걸어서 그 교회에 나가고 싶은데 차가 있느냐고 물어서 미안하다고 하고 가까운 교회에 나가라고 말해준 적이 있다. 물론 신자들 가운데 차량 운행이 필요한 사람이 있을 때는 차를 가진 다른 신자들이 봉사하도록 하고 있다.

목회자가 직접 차를 운행할 때에 많은 시간이 필요하고 엄청난 부담이 예상된다. 만약 목회자가 주일 아침에 신자들을 태우러 나갔는데 길이 막힌다든지, 차가 고장이 난다든지, 어쩌다가 예상보다 더 많은 시간이 소요되어 예배 시간이 임박하게 되었을 때 목회자는 큰 스트레스를 받지 않을 수 없을 것이다. 오히려 그 시간에 설교 원고를 한 번 더 보고 기도하는 일이 더 중요하다고 생각한다.

주일은 대부분 온 가족이 함께 교회에 왔다가 함께 집으로 돌아가기 때문에 각자 자기의 자동차를 사용하면 문제가 없다. 다행히 집이 멀고 자동차가 없는 신자는 한 사람도 없어서 지금까지 교회에 승합차가 없는 것이 문제가 된 적은 별로 없었다.

4) 주일 애찬

필자의 교회는 다른 교회들처럼 주일 예배 후에 애찬의 시간을 갖는다. 구역별로 돌아가며 음식을 준비하는데 몇 달에 한 번 정도 당번이 된다. 쌀이나 반찬을 만드는 데 필요한 양념은 주방 관리자가 미리 준비해 두며 당번 구역은 매 주일 일정한 반찬값을 받아 장을 보고 함께 모여 음식을 준비한다. 주일 애찬은 음식을 준비하는 과정에서 당번 구역의 친교를 위한 모임이기도 하지만 또 만든 음식을 함께 먹는 시간은 온 교회의 친교의 시간이기도 하다.

성경에는 교제의 상징을 함께 먹고 마시는 것으로 표현하고 있다 (계 3:20). 과연 함께 먹고 마시는 일은 교제에 있어서 대단히 중요한 일이다. 필자는 신자들이 식당에서 즐거운 대화를 나누며 함께 음식을 먹는 모습을 보는 일이 얼마나 즐거운 일인지 모른다. 그리고 이런 시간이 없다면 교회는 많은 것을 잃게 되고 매우 삭막하게 될 것이라는 생각이 든다. 그러므로 주일 예배 후의 애찬을 매우 중요하게 생각하고 주보를 통하여 이번 애찬은 누가 준비했다는 사실을 신자들에게 꼭 알린다. 그리고 결혼식이나 장례식 혹은 특별한 행사가 있는 가정에서 과일이나 떡을 제공하여 애찬 때에 함께 나눈다.

많은 교회가 애찬을 만드는 일이 힘들다고 이 일을 기피하는 신자들이 많아 국수나 간단한 컵라면으로 대체하고 있고 또 그나마 음식을 함께 먹는 신자들도 소수라고 한다. 그러나 필자의 교회는 식당을 만든 이래로 한 번도 애찬을 폐지한 적이 없으며 당번 구역은 매번 얼마나 정성으로 음식을 만드는지 모른다. 구역마다 한식, 비빔밥, 카레 등 전문으로 하는 음식이 있으며 그것을 더욱 발전시켜감으로써 애찬은 항상 최고의 맛을 자랑한다. 그래서 그런지 주일 예배 후에는 거의 100%의 신자들이 다 함께 애찬에 참석한다.

애찬에 관계된 중요한 문제는 남은 음식물에 대한 처리이다. 음식을 남지 않게 미리 신중하게 예측하고 만들라고 하지만 그 일은 말처럼 그렇게 쉽지 않은 일이다. 음식은 매 주일 조금씩이라도 남을 수밖에 없는데 이것을 어떻게 처리하느냐 하는 것은 매우 중요한 문제이다.

처음에는 주방 담당자가 처리하게 하기도 하고 또 음식을 만든 구역장이 처리하게 하기도 하고 별별 방법을 다 해봤으나 부작용이 적지 않았다. 그것으로 생색을 내는 일도 있고 또 특정한 사람만 가져간다고 불평이 나오기도 했다. 고심 끝에 교회에서 남은 음식은 아무도 가져갈 수 없다고 결정했다. 가능한 한 음식은 냉동이나 냉장을 하여 나중에 먹도록 하고 그렇지 못한 것은 청년회 모임을 마치고 청년들이 먹도록 해보기도 했다. 그리고도 남는 것은 버렸다. 이렇게 함으로써 남은 음식물을 처리하는 일에 부작용을 없앴다. 신자들에게 쓸데없는 일에 관심을 끌게 하거나 잘못된 결과를 불러올 수 있는 일은 애초부터 싹을 잘라 없애는 일이 중요하다고 생각했기 때문이다.

3. 조직 관리

모든 기관에는 직무가 있고 그 직무를 효율적으로 감당하기 위하여 조직을 만든다. 교회도 목회자 혼자 교회를 관리하는 일을 감당할 수 없으므로 유기적인 조직을 구성하는 것이다. 조직의 문제는 먼저 그 단체가 해야 할 일을 분류하고 그 일을 맡아 할 부서를 결정하는 일을 말한다.

만약 자전거 회사가 있다면 그 회사가 해야 할 일은 대략 다음과 같은 것들이다. 자전거를 만드는 일, 그것을 홍보하는 일, 대리점을 선정하여 판매하는 일, 또 고장 난 자전거를 수리해 주는 일, 그밖에 새로운 자전거를 개발하는 일 등이다. 이러한 일을 효율적으로 감당하려면 업무를 몇 가지로 분류하고 그 일을 주관할 부서를 만들어야 한다.

예를 들면 생산부, 홍보부, 영업부, 수리부, 개발부 등으로 조직을 만들 수 있고 이들을 지원하기 위하여 또 총무부나 경리부와 같은 부서가 필요할 것이다. 그리고 만약 개발 업무에 큰 비중을 둘 수 없는 회사라면 그 기능을 생산부나 수리 부서에 맡길 수도 있을 것이다.

교회의 조직도 마찬가지이다. 교회의 보편적인 직무가 있지만, 목회자에 따라서 그 강조점이 많이 다를 수도 있다. 어떤 목회자는 해외 선교를 강조할 수도 있고 어떤 목회자는 신자들의 교육과 훈련에 강조점을 둘 수도 있다. 그러므로 교회의 조직은 목회자의 목회 방침에 따라 얼마든지 달라질 수가 있다.

1) 조직 관리의 원칙

교회의 조직을 편성하는 데 있어서 좋지 않은 방법을 세 가지만 말한다.

첫째, 직무는 없고 명예를 위한 직책은 지양해야 한다.

많은 교회가 감투를 만들기 위하여 쓸데없는 부서를 만든다. 무슨 부장, 무슨 위원장이라는 감투는 있는데 막상 하는 일은 아무것도 없다. 권리는 있는데 책임은 없는 경우인데 이런 조직은 가장 좋지 않은 조직이다.

둘째, 직무가 확실하지 않은 조직이다.

모든 부서는 그 부서가 하는 일이 분명해야 한다. 해야 할 일이 애매하거나 또 다른 부서와 중복이 되어 서로 일을 미루거나 서로 자기 일이라고 주장한다면 이것도 큰 문제이다. 이런 경우는 쓸데없는 부서를 너무 많이 만들었을 때 주로 발생하는 현상이다. 개발부와 영업부는 업무가 너무나 선명하게 구분되어서 서로 일을 미루거나 서로 자기 부서의 일이라고 다툴 일이 없을 것이다.

셋째, '옥상옥'(屋上屋)을 만들지 않는 것이 좋다.

조직의 계층을 되도록 줄이라는 말이다. 웬만한 교회의 경우에는 목회자가 구역장과 직접 연결되도록 하면 되는데 구역장 위에 소위 교구장과 같은 부서를 만들어서 계층이 하나 더 생겨나게 하면 그만큼 조직의 운영이 비효율적으로 될 수밖에 없다.

필자의 경우에는 담임목사 직속으로 사무총회, 당회, 직원회 그리고 회계를 두고 그 아래에 예배부, 교육부, 선교 봉사부, 친교부, 영선부를 두었다. 예배부에는 찬양대와 예배실 관리 그리고 예배 안내 부서를 두었고, 교육부에는 아동부, 중고등부, 청년부, 장년부가 포함되며, 선교 봉사부에는 선교와 구제 담당과 장학회를 포함했으며, 친교부에는 각 구역이 소속하게 했다.

그리고 영선부란 교회의 모든 시설을 관리하는 부서이다. 교회의 시설이 단순할 때는 목회자가 그런 일을 맡아 했지만 이런 일이 점차 많아짐에 따라 책임자를 세워 담당하도록 했다. 이러한 조직은 해마다 그 해의 사업에 따라 약간씩 변경되었다.

4. 인사 관리

인사 관리란 만들어진 조직에 사람을 임명하는 일이다. 그 업무에 자격이 있는 사람을 선정하여 조직상의 일정한 자리에 임명하는 일이다. 이 일을 위해서는 그 사람의 능력이나 은사에 대한 고려가 선행되어야 할 것이다.

인사 관리와 관련해서 장로, 권사, 집사와 같은 직분을 세우는 일도 목회자의 일이다. 이들을 세우는 데 대한 규정과 원칙은 성경에 자세히 기록되어 있으므로 그것을 참고하여 세우면 될 것이다. 즉 집사는 디모데전서 3:8-13에, 장로와 감독은 디도서 1:5-9에 자격이 기록되어 있다.

다만 경계해야 하는 것은 신앙 연조에 따라 직분을 세우는 일이다. 오늘날 교회가 세속화되는 가장 중요한 이유 가운데 하나는 믿음과 상관없이 연조에 따라 직분을 세우기 때문이다. 세워야 할 사람을 안 세웠을 때 발생하는 문제보다 안 세워야 사람을 세웠을 때 발생하는 문제가 훨씬 더 크다. 그러므로 직분을 세우는 일은 아무리 신중하여도 지나치지 않다. 예수님께서는 제자를 부르시기 전에 밤을 새워 기도하셨다는 사실을 명심해야 한다(눅 6:12-16).

1) 인사 관리의 원칙

교회의 인사 관리를 위해서 목회자가 조심해야 하는 것 3가지만 말하겠다.

첫째, 위에서도 언급했지만 믿음이 없거나 연약한 사람들이 교회 중심에서 일하도록 해서는 안 된다.

특별히 신자들끼리 투표를 하여 대표자를 뽑는 일은 매우 위험하다. 이러한 경우에 믿음과 상관없이 사회적인 지위를 가진 사람이든지 사람들에게 잘 보이려고 애쓴 사람들이 그 자리를 차지하기 쉽기 때문이다. 목회자는 가능한 이런 직분의 수를 줄이고 또 그들에게 지나치게 큰 권리를 주지 않도록 해야 할 것이다.

둘째, 신자들에게 교회 일에 집착하지 않도록 해야 한다.

우리가 예수를 믿는 것은 교회 일을 하기 위함이 아니다. 그런데도 교회 안에는 교회 일이 곧 신앙이라고 생각하고 얼마나 큰일을 맡았느냐에 따라 그 신앙의 크기가 결정된다고 생각하는 사람들이 적지 않다. 그러므로 신자들에게 신앙의 본질은 교회 일이 아니라 하나님과 바른 관계라는 사실을 강조하고 이 일에 힘쓰도록 이끌어가야 한다.

전에 교회를 개척하던 시기에 어떤 대학생으로부터 전화를 받은 적이 있다. 그가 전화한 이유는 누군가로부터 필자에 대한 말을 들었는데 우리 교회에 와서 봉사하고 싶다는 것이었다. 필자는 지체하지 않고 곧바로 우리 교회는 봉사할 일이 없다고 거절했다. 이 청년은 자신의 믿음을 위하여 교회에 오는 것이 아니라 교회 일을 하러 교회에 나오겠다고 생각했다.

셋째, 교회 일을 분산하여 한 사람이 너무 많은 일을 맡지 않도록 해야 한다.

위에서도 언급했지만, 교회 일은 분산하여서 되도록 많은 사람이 적당한 일을 맡도록 하는 것이 좋다. 그렇게 되면 일에 대한 부담이 없이 신앙생활의 본질적인 면에 집중할 수가 있다.

예루살렘 교회에서 집사를 선출할 때에 모든 신자는 그 직분에 집착하지 않았다. 그들 중에는 내가 집사가 되어야 한다고 나선 사람도 없고 집사에 떨어졌다고 해서 낙심하거나 섭섭해한 사람도 없었다. 그리고 집사로 선출된 사람 중에서 그 일을 못 하겠다고 사양한 사람도 없었다(행 6:1-6). 그들은 직분에 대하여 매우 자유로운 사람들이었다.

5. 재정 관리

재정 관리란 돈을 관리하는 일이다. 모든 단체에 회비가 있고 따라서 그 회비를 관리하는 사람이 있듯이 교회에도 헌금이 있으며 그 헌금을 계수하고 관리하는 일이 따른다. 재정은 대부분 모든 일을 하기에 넉넉하지 않기 때문에 부족한 재정을 어떤 원칙에 따라 무엇부터 지출할 것인가를 정하지 않으면 안 된다. 재정 지출의 우선순위는 목회자의 목회 방침과도 많은 상관관계를 가지게 된다.

대형 교회의 경우에는 재정은 주로 장로들이 관리하고 목회자는 관여하지 않는 경우가 많지만 세밀한 부분은 모르지만 그래도 모든 교회의 재정은 목회자의 통제 속에 두는 것이 원칙이다. 교회들은 주로 당회나 직원회에서 재정계획을 세우고 특별한 사정이 없는 한 그 계획에 따라 한 해의 재정을 운용한다.

1) 재정 관리의 원칙

교회의 재정을 관리하는 데 있어서 몇 가지 원칙을 제시해 본다. 물론 교회마다 형편과 사정이 다르겠지만 참고할 수 있을 것이다.

첫째, 모든 재정은 미리 정해둔 원칙에 따라 사용되어야 한다.

교회에는 대부분 일반적인 재정 지출에 대한 규정이 정해져 있다. 예를 들면 외부 강사를 초빙할 경우 주일 예배에는 어떻게 사례를 하고 다른 집회는 어떻게 사례를 할 것인지, 또 가까운 곳에서 온 강사와 먼 곳에서 온 강사를 동일하게 사례할 것인지 하는 원칙이 있다. 이런 경우에 목회자는 자신의 사적인 관계를 따라 원칙을 파괴하지 말아야 한다.

필자에게는 감리교회에서 목회하는 형님이 한 분 계시는데 꼭 한번 필자의 교회에 외부 강사로 초청한 적이 있다. 다른 강사라면 그냥 정해진 사례를 하면 되겠지만 처음이자 마지막일지도 모르는 초청이고 또 멀리에서부터 왔기 때문에 이미 정해져 있는 사례비만 드린다는 것은 도리가 아니라는 생각이 들었다. 그렇다고 해서 정해진 규칙을 깨고 더 드릴 수는 없다. 그래서 필자는 지정된 사례비에 개인적으로 더 보태서 사례한 적이 있다.

둘째, 평신도 봉사자들에 대한 사례 문제이다.

이 문제에 대해서도 의견이 분분하지만 실제로 많은 교회가 이들에게 사례를 하는 형편이다. 그들이 맡은 일을 수행하기 위하여 큰 비용이 소요되는데 그 비용을 보상해야 하지 않겠느냐는 논리이다. 물론 일리가 있는 주장이다.

그러나 필자의 경우, 교회의 모든 봉사자에게는 사례하지 않는 것을 원칙으로 정했다. 찬양대의 지휘자나 반주자, 심방을 담당하는 사람 등 모든 봉사는 자비량으로 하도록 제도화하고 있다. 그리고 특정한 비용이 들 때는 교회에 그 비용을 신청하도록 했다.

평신도 봉사자들에게 정기적인 사례를 하지 않는 가장 큰 이유는 그에 따른 부작용 때문이다. 물질을 주면 본의 아니게 하나님을 향한 헌신과 수고를 돈으로 환산하게 되는 위험이 있으며 그렇게 되면 감사함보다는 불평불만이 더 많이 생기기 마련이다. 또 그들의 수고가 돈으로 다 보상된다면 그는 하나님께 가서 받을 것이 없을지도 모르기 때문이다. 그래서 아예 보상을 바라는 사람은 일하게 하지 않는다.

한 번은 음악을 전공한 한 청년이 유학에서 돌아와서 교회 생활에 잘 적응하지 못하고 뭔가를 요구하는 눈치를 보였다. 결국은 교회를 나가고 말았지만, 그 후에 알고 보니 찬양대 지휘를 원하고 또 교회에서의 일정한 보수를 바랐던 것이다. 지금까지 한 번도 교역자 외에는 교회의 봉사자들에게 보수를 지급했던 적은 없다.

셋째, 교역자들에 대한 사례비 문제이다.

목회자에게 있어서 이 문제는 가장 예민한 문제 가운데 하나일 것이다. 매년 다음 해의 예산을 편성할 때마다 자신의 사례비가 동결되느냐 아니면 인상되느냐 하는 문제가 중요한 관심사로 대두된다. 사례비를 올려주면 그것이 자신을 신임하는 것이 되고 그렇지 않으면 그 반대로 해석되어 목회자가 떠나기를 바라는 신호로 받아들이는 일도 많다.

그러므로 목회자의 사례비 문제는 이런 일에 신경을 쓰지 않도록 미리 원칙을 정해놓는 것이 좋다. 예를 들면 몇 년에 한 번 사례비를 올리고 그 인상의 폭은 얼마라는 것과 같은 원칙이다. 그래서 교회가 사례비를 통하여 목회자의 목을 조여서는 안 되고, 또 목회자는 그 일로 인하여 자존심을 상하는 일이 없어야 할 것이다.

필자의 경우에는 미리 당회와 직원회의 동의를 얻어 교회를 개척한 후, 초기 몇 년을 제외하고는 대부분 담임목사의 사례비는 본인이 정하고 있다. 처음에는 사례비를 너무 적게 책정하여 교회 측에서 더 올려야 한다고 주장하고 필자는 내가 정하기로 했으니 그냥 그대로 해야 한다고 다투었지만, 나중에는 아예 그러려니 하고 지나갈 수 있게 되었다.

이런 문제에 신경을 쓰지 않으니 사례비가 적든 많든 관계없이 얼마나 마음이 편한지 모른다. 신경 쓰면서 많이 받는 것보다는 편한 마음으로 좀 적게 받는 것이 훨씬 좋다고 생각한다.

제3부

목회자의 생활

제1장 목회자의 건강 관리
제2장 목회자의 언어 생활
제3장 목회자의 가정 생활
제4장 목회자의 사회 생활
제5장 목회자의 금기
제6장 목회의 방해자

제3부

목회자의 생활

제3부에서는 목회자의 직무 외에 목회자의 전반적인 생활을 다룬다. 건강 관리와 언어 생활 그리고 행동의 원칙과 목회자가 절대 해서는 안 되는 금기 사항을 언급한다. 목회자의 삶은 그의 직무와 더불어 매우 중요하며 목회자의 권위에 영향을 미친다.

제1장

목회자의 건강 관리

목회자는 자신의 건강을 잘 관리해야 한다. 건강이란 자기 생각이나 노력으로 지킬 수 있는 것은 아니지만 그래도 최선을 다해야 한다. 목회자가 건강하지 못하면 그의 사역에도 많은 지장을 초래할 수밖에 없기 때문이다.

목회자의 직무는 대부분 미리 정해져 있어서 건강상태나 개인 사정에 따라 그 직무를 취소하거나 연기할 수 없다. 주일에는 일정한 시간에 주일 예배와 저녁 집회를 인도해야 하며 또 시간을 맞추어 삼일 기도회와 새벽 기도회를 인도해야 한다. 몸이 아프거나 피곤하다고 집회를 취소하거나 연기할 수도 없다.

그 외에도 예정된 결혼식과 장례식을 주례해야 하며 이러한 일들도 목회자의 건강상태를 따라 변경할 수 있는 일이 아니다. 목회자에게 이런 일들이 한 번에 몰리게 될 때는 엄청난 피로로 인하여 건강에 큰 위협이 될 수도 있다.

그 외에도 교회 안에는 목회자를 힘들게 만드는 사람들이 많다. 목회자의 입장을 이해하지 못하는 당회원들을 설득해야 하며, 제멋대로 말하고 행동하는 일부 무례한 권사, 집사들과 함께 직원회를 해야 하며, 그 외에도 의견이 나누어지는 사람들의 각종 회의를 주재해야 한다. 이런 일들은 목회자에게 수많은 스트레스를 안겨주게 된다.

육체적인 피로와 정신적인 스트레스를 극복하기 위해서 목회자는 최상의 건강상태를 유지해야 한다. 일에 대한 지나친 욕심을 버리고 자신이 할 수 있는 만큼만 감당하는 일에 대한 절제가 필요하다. 또 필요한 영양의 공급, 규칙적인 운동, 충분한 휴식, 스트레스를 해소할 수 있는 적당한 오락 등은 목회자의 건강을 위하여 꼭 필요한 것들이다.

1. 직무의 적당한 배분

목회자의 일상적인 직무는 예측할 수 있는 주일 예배와 각종 집회를 인도하는 일이며 또 예정된 심방이나 상담을 하는 일이다. 이와 같은 일은 미리 정해진 일이며 목회자는 이에 따라 시간을 적당히 분배하며 설교를 준비하거나 집회를 인도하고 또 신자들을 만나기도 한다. 그러나 예측할 수 없이 갑자기 발생하는 일이 있는데 이것은 주로 신자의 가정에 초상이 나는 경우이다.

장례를 치르는 일에는 수많은 업무가 발생한다. 목회자는 여러 번 상가를 방문하여 예배를 인도해야 하며 장례식 당일에는 발인 예배를 시작으로 거의 온종일을 장례절차에 시간을 쏟아야 한다. 규모가 큰 교회일 때는 부교역자들이 이런 일을 나누어서 할 수 있지만, 대부분의 교회는 담임 목회자가 혼자 감당해야 한다. 초상이 났다고 해서 교회의 다른 집회가 취소되는 것도 아니다. 이때 목회자는 자신의 직무를 감당하기 위하여 시간을 적절하게 배분하여 활용하지 않으면 건강에 무리가 발생하게 된다. 필자는 이러할 때를 비상시로 생각하고 이때에는 정말 신중하게 업무와 시간을 배분하여 건강을 유지했다.

필자는 삼일 기도회의 설교는 주로 월요일에, 주일 예배의 설교는 목요일부터 원고를 작성한다. 그렇게 하는 것은 돌발적인 문제가 생겼을 때를 대비하기 위함이다. 만약 삼일 기도회 설교 준비를 수요일에 하는 것으로 하면 그날 아침 갑작스럽게 손님이 찾아온다든지 초상이 나게 되면 설교 준비 없이 강단에 서든지 아니면 전혀 쉬는 시간이 없이 무리하게 일을 할 수밖에 없기 때문이다. 그래서 이미 예정된 일은 미루지 않고 최대한 먼저 처리함으로써 갑자기 발생하는 일도 무리하지 않고 감당할 수 있도록 하는 것이다.

2. 목회자와 운동

목회자에게는 정기적인 운동이 필요하다. 함께 하는 운동으로는 축구, 테니스, 족구와 같은 운동이 있으나 축구는 과격한 운동이라 부상을 당하거나 불구가 되는 일이 종종 발생한다. 그리고 함께 하는 운동은 언제나 상대방이 있어야 하므로 서로 시간을 맞춰야 하는 등 많은 제약을 받을 수밖에 없다. 서로 시간을 조율하는 수고를 해야 하고 따라서 목회자의 불규칙한 일정 때문에 운동이 취소되는 일도 수시로 발생하게 된다.

그 밖에 혼자 할 수 있는 운동은 헬스장을 이용하는 것을 비롯한, 수영이나 조깅 같은 운동이 있다. 가장 중요한 것은 어떤 운동이든지 꾸준히 계속하는 것인데 그러려면 일단 재미가 있어야 할 것이다. 건강을 위하여 억지로 하는 운동은 결국 오래 못가서 끝나고 만다.

필자는 한때 테니스를 배웠다. 열심히 운동장에 나가서 레슨을 받고 경기를 했다. 그런데 아무리 열심히 해도 경기력이 향상되는 것 같지 않았으며 그래서 그런지 운동에 재미가 없어졌다. 얼마 후에는 이 운동이 자신에게 맞지 않는다는 결론을 내리고 운동을 포기했다. 지금 생각하면 그래도 좀 더 꾸준히 했으면 좋았을 것이라고 후회가 되기도 한다.

그 후에는 특별한 운동을 하지 않다가 뒤늦게 교회 가까이 있는 공원을 산책하는 일에 재미를 붙였다. 처음에는 건강을 위하여 억지로 했지만, 시간이 갈수록 재미를 느끼고 이제는 건강보다는 산책이 좋아서 나간다. 공원을 걸을 때마다 기분이 상쾌하고 또 깊은 생각에 잠길 때가 많다. 어떤 때는 처음부터 나중까지 기도하기도 하고, 어떤 때는 말씀을 묵상하거나 설교를 구상하기도 한다.

비가 오거나 눈이 오거나 하루도 빠지지 않고 산책을 계속하였더니 지구력도 좋아지고 잠도 잘 자고 또 사람들로부터 건강하게 보인다는 인사도 자주 듣는다. 좀 더 일찍이 산책을 시작했더라면 얼마나 좋았을

까 하는 생각도 한다. 나에게 있어서 산책은 일거양득, 일석삼조의 성과를 얻는 좋은 운동이다.

건강한 몸을 타고 나지는 않았지만 그래도 목회를 하는 중에 질병으로 큰 어려움을 겪거나 교회의 사역에 큰 문제가 없었다는 사실에 대하여 언제나 감사를 드린다. 아무리 실력이 있고 훌륭한 목회자라고 해도 몸이 허약하면 그런 것이 다 소용이 없게 된다.

3. 목회자의 휴식

대부분 목회자에게 있어서 안식년을 갖는 일은 꿈과 같은 일이다. 대형교회인 경우에는 부목사들이 있어서 담임목사의 안식년이 가능할 수 있지만 실제로는 그 일이 그렇게 간단하지 않다. 안식년을 떠났다가 기간을 다 채우지 못하고 다시 복귀하는 목회자도 많다. 한국교회의 정서에는 부목사가 아무리 많아도 담임목사의 자리를 채우기가 어렵기 때문이다.

그러므로 변형된 안식년 제도를 생각해 볼 수 있다. 원래 안식년 제도는 6년을 일하고 1년을 쉬는 제도이지만, 이 일이 현실적으로 불가능하다면 이 제도를 응용하여 7년에 1년을 쉬는 것이 아니라 3년을 일하고 6개월을 쉬는 방법, 혹은 매년 1개월이나 2개월을 쉬도록 하는 방법을 선택하는 것이다.

필자는 목회 후반기에 와서야 안식년의 필요성을 깨닫고 매년 1달의

"안식월"을 갖기로 교회의 허락을 받았다. 그러나 실제로 사용한 것은 몇 번 손으로 꼽을 정도이다. 평소에 뭔가 특별한 일을 하는 것도 아닌데 교회를 두고 혼자 쉬기 위하여 떠나는 일을 맘 편하게 할 수 없었기 때문이다. 그냥 쉬는 일이 부담되어서 그 기간을 책을 쓰는 일을 위하여 처음으로 사용하였으며 그 후에도 집필을 위하여 몇 번의 "안식월"을 활용했다.

그 동안 교회의 형편이 어렵기도 했지만 지금 와서 생각하면 좀 무리가 되더라도 이 제도를 자주 시행하지 못한 아쉬움이 있다. 1년에 한 번이라도 목회자가 교회를 떠나 모든 교회 일에서부터 자유로운 시간을 가지는 것은 목회자의 피로와 스트레스를 해소하고 건강을 유지하는 데 있어서 큰 도움이 될 뿐만 아니라 그다음의 목회 활동에도 매우 유익하리라고 생각한다.

제2장

목회자의 언어 생활

목회자의 사역은 대부분 말로 이루어진다고 해도 과언이 아니다. 설교하는 일, 말씀을 가르치는 일, 심방하고 상담하는 일 등이 주로 말을 통하여 이루어진다. 그러므로 목회자의 언어는 매우 중요하다. 본 장에서는 설교나 가르침에서 사용되는 말보다 주로 개인적으로 신자들을 대할 때 사용하는 목회자의 일상적인 말에 대하여 언급한다.

1. 신중하고 정확한 말

목회자의 말은 신중해야 한다(딤전 3:2; 딤후 4:5; 딛 1:8). 아침에 한 말을 점심때 뒤집는다든지, 저녁에 또 다른 말을 한다면 그는 말에 신뢰를 잃는다. 확정되지 않은 계획을 미리 말하면 결국 번복될 수밖에 없다. 또 책임질 수 없는 말을 함부로 하거나 정확하지 않은 말을 하는 것은 목회자에 대한 신뢰에 큰 타격이 될 수 있다. 목회자는 말이 무겁고 신중해야 한다. 할 말을 하지 않아서 생기는 문제보다는 안 할 말을 함으로써 생기는 문제가 훨씬 더 크다.

목회자가 강단에서 한 말은 물론, 사적으로 한 말도 금방 교회 안에 퍼진다. 특히 아직 확정되지 않은 어떤 계획을 말하면 그것이 기정사실로 전해질 수 있다. 또 목회자가 어떤 사실에 대하여 정확하게 말하지 않을 때는 그 말이 엉뚱하게 해석되어 전해질 수도 있다. 그렇게 되면 그 말을 번복하기가 어렵고 또 정확하게 바로 잡는 일도 매우 힘들게 된다. 목회자는 언제나 신중하게 말하고 정확하게 말해야 한다.

필자는 광고 시간을 통하여 직접 전 교인에게 알리는 사항 외에, 신자들에게 긴급하게 전달해야 하는 일이나 이미 알린 사항에 대한 자세한 설명이 필요한 경우, 구역장들을 활용한다. 구역장 모임에서 이야기를 해주면 구역장들은 구역 회원들에게 전달하거나 지정한 문제에 대하여 함께 의논한다.

그런데 이때 필자가 한 말이 원래의 뜻과 다르게 전달되는 일이 종종 발생했다. "그렇게 할 수도 있다"는 말이 "그렇게 한다"라고 전해져서 곤란했던 적이 있다. 그 후에는 중요한 사항은 여러 번 강조하여 설명해 주는 버릇이 생겼다.

2. 긍정적인 말

목회자는 되도록 긍정적인 말을 해야 한다. 어두움 중에서도 밝은 면을 바라보고 밝은 말을 해야지, 구태여 어두운 면을 찾아내어 그것을 부각해서 말하는 것은 좋지 않다. 이렇게 하는 것은 긍정적인 사고나 처세술이라기보다는 하나님을 향한 믿음의 자세이다. 나쁜 것을 좋다고 하는 것은 거짓말이지만 믿음 안에서 밝은 면을 찾아 언급하는 것은 거짓말이 아니다. 어떤 경우에도 하나님 안에서 절망은 없기 때문이다.

어떤 책에서 읽은 내용이다. 한 미국 목사님이 자기 어머니의 이야기를 했는데 이 어머니는 50대부터 자신이 '암에 걸리면 어떻게 하나?'라는 걱정을 하며 살았다고 한다. 그런데 결국은 암에 걸리지 않고 잘 살다가 80세가 넘어서야 돌아가셨다고 한다. 쓸데없는 걱정을 한 셈이다. 좋은 점, 밝은 면도 많은데 하필이면 어둡고 안 좋은 면만 강조하는 것은 어리석은 일이다.

우리교회 어떤 권사님이 수십 년이 지난 일을 나에게 말해주었다. 소그룹 성경 공부 시간에 성경 인물에 대하여 공부를 하면서 필자가 신자들에게 "여러분은 어떤 인물처럼 되기 원하는가?"라고 물었다고 한다. 그 권사님 차례가 왔을 때 자신은 노아처럼 되기 원한다고 대답을 했고 필자는 그 권사님에게 꼭 그렇게 될 수 있다고 대답해 주었다고 한다. 그런데 그 말이 그에게 평생 잊히지 않는 말이 되었고 또 자신을 지탱하는 큰 힘이 되었다고 말했다. 그리고 그 권사님은 실제로 노아와 닮은 점도 많다.

3. 온유한 말

목회자의 말은 온유해야 한다. 감정을 제어하지 못하거나 과격한 말은 상대방에게 목회자에 대한 신뢰심을 추락시킨다. 그리고 신자들은 목회자의 말에 대하여 지나치게 예민하며 쉽게 상처를 받는다. 목회자의 말을 보통 사람의 말처럼 듣지 않기 때문이다. 그러므로 목회자가 신자를 대할 때는 자녀를 대하듯이 언제나 부드럽고 온유해야 한다(딤후 2:24). 온유한 말은 유순하고 친절한 말이다.

그렇다면 목회자는 화가 날 때도 화를 내지 말아야 하는가?

할 수만 있다면 그렇게 하는 것이 좋다고 본다. 특별히 한 개인을 상대로 화를 내는 일은 더욱 하지 말아야 한다. 물론 사후에 감정이 누그러졌을 때 조목조목 잘못을 알려줄 수는 있을 것이다. 그렇다고 목회자가 감정도 없이 바보처럼 살라는 의미는 아니다. 다만 목회자는 감정을 마음 놓고 드러낼 수 있는 위치에 있지 않다는 사실을 잊지 말아야 한다.

제3장

목회자의 가정 생활

가정과 교회는 하나님께서 만드신 가장 중요한 사회 단위이다. 하나님은 사람이 혼자 사는 것이 좋지 못하다고 말씀하시고 남자와 여자가 연합하여 가정을 이루게 하셨다(창 2:18, 24; 마 19:5). 목회자를 포함한 모든 사람은 특별한 사유가 없는 한, 가정을 이루는 것이 원칙이다. 가정은 심리적인 안정과 육체적인 휴식을 얻게 하며 즐거움을 누리고 사랑을 실천하고 배우는 기초적인 장이다.

1. 목회자와 배우자

부부 사이에는 비밀이 없다. 서로의 단점이나 장점을 숨길 수 없으며 모든 것이 그대로 드러나게 된다. 부부는 각자 하나님 앞에서 경건한 삶을 실천할 수 있어야 하며 가정의 문제를 신앙적으로 이해하고 성경적으로 해결하려고 시도함으로써 모범적인 가정이 되어야 한다. 많은 목회자가 신자들에게는 좋은 목사이지만 가정에서도 좋은 남편이나 좋은 아빠가 되지 못하는 것 같다.

어떤 목사님이 삼일 기도회 시간에 은혜로운 설교를 했다. 기도를 마친 후에 어떤 여인이 보따리를 들고 강단으로 올라오면서 이런 말을 했다고 한다.

"여보, 오늘부터 여기서 삽시다."

그 목사님의 사모님이었다. 그 목사님이 강단에서는 그렇게 은혜롭고 좋은데 막상 가정에서는 그렇지 못했던 모양이다. 누가 지어낸 이야기겠지만 목회자는 누구든지 한 번은 깊이 생각해야 하는 이야기이다.

목회자는 목회하는 일에 지나치게 몰두하여 가족을 망각하기 쉽다. 그때그때 직면한 목회적인 문제 때문에 가족은 뒷전에 밀어두는 것이다. 대부분 목회자는 목회자의 가족 모두를 자신의 목회를 위하여 당연히 희생해야 하는 대상으로 치부한다. 이때 가장 고통을 받는 사람은 목회자의 아내와 자녀들이다.

필자가 농촌교회에서 목회할 때에 시내로 나오기 위해서는 4, 50분 정도 걸어야 버스를 타는 면 소재지까지 올 수가 있었다. 결혼 초기에 아내와 함께 마을을 나갈 때 마을 고개를 넘기까지 한참 동안 동네 사람들이 일하고 있는 논밭을 지나야만 했다. 아내는 팔짱을 끼고 걷기를 원했지만 동네 사람들은 다 들에서 일하고 있는데 전도사가 아내와 팔짱을 끼고 동네를 나가는 것이 매우 꺼려졌다.

그래서 마을을 벗어나기까지는 조금 떨어져 걷기로 했다. 그것이 최선이라고 생각했는데 아내는 그 일이 큰 상처가 되었든지 두고두고 그 말을 했다. 사려 깊은 목회자라면 이런 경우에 좀 더 좋은 방법을 생각하고 실천할 수 있었을 것이다.

목회자는 교회를 돌보고 교회를 대상으로 일하는 사람이지만 그렇다고 해서 가정에 대한 책임을 회피할 수는 없다. 목회자에게는 한 가정의 가장으로서의 책임도 매우 중요하기 때문이다. 목회자는 한 아내의 남편이며 자녀들의 아빠이다. 목회한다고 해서 이 책임을 소홀히 해서는 안 된다.

필자는 목회자의 가정 생활에 대하여 말할 자격도 없고 또 자신도 없다. 이 분야에 대하여 낙제라는 사실을 인정한다. 그동안 목회하는 일만 중요하게 생각하고 목회에 급급했으며, 또 가정의 일은 자동으로 잘 되어 갈 것이라고 오해한 결과라고 생각한다. 필자에게 모든 것을 다 잘하는 것이 역부족이었으나 그런데도 여기에 이 사실을 기록하는 것은 다른 목회자들이 참고하도록 하기 위함임을 밝힌다.

2. 목회자의 자녀

목회자는 자녀들을 믿음으로 양육하며 교회의 본이 되게 하여야 한다. 목회자의 자녀에 대하여 신자들은 많은 관심이 있으며 이들이 잘못되면 신자들에게 실망을 주며 하나님의 영광을 가리게 된다. 그래서 목회자들은 그 자녀들에게 과다한 요구를 하고 부담을 주는 경우가 많다.

실제로 목회자의 자녀가 비행 청소년이 되는 사례도 많이 보았다.

신자들은 목회자의 자녀들에게 과도한 요구를 할 때가 있는데 그것은 목회자의 자녀들에게도 목회자와 같은 생활을 요구하는 것이다.

"목사님 아들이 왜 그러냐?"

"목사님의 자녀가 그래서는 안 된다."

이런 말을 서슴지 않는다. 이때 목회자의 어린 자녀들이 고통을 받는다. 아이들의 아빠가 목회자이지 그 자신들은 목회자가 아닌데도 말이다. 이러한 사실에 대해서도 목회자는 신자들에게 이해와 도움을 요청해야 할 것이다. 이런 점에서 필자에게는 많은 후회가 있다.

필자에게는 아들 하나, 딸 하나가 있었다. 필자가 30대 후반, 교회를 개척하고 23일 만에 아들이 교통사고로 세상을 떠났다. 학교에서 수업을 마치고 밤늦게 돌아왔을 때 아들은 벌써 싸늘한 시체가 되어 있었다. 아들을 장사 지내고 한동안 아무것도 할 수가 없었다. 음식도 먹을 수가 없고, 잠도 잘 수가 없고, 세수도 할 수가 없고, 숨도 쉴 수가 없었다. 그래서 숨을 가끔 한 번에 몰아서 내쉬었다. 생애 최대 위기의 순간이었다.

필자는 15평쯤 되는 작은 지하 예배실에 엎드려 "하나님, 나를 살려 주십시오"라는 기도를 밤새도록 반복하여 드렸다. 새벽녘에 하나님의 은혜로 숨이 터져나가고 평안한 마음을 얻게 되었으며 다시 목회에 복귀할 수가 있었다.

필자는 그 아이를 하나님께서 주셨으며 또 하나님께서 데려가셨음을 믿는다. 참새 한 마리도 우연히 땅에 떨어지지 않는다고 하셨다(마 10:29). 어떻게 목회자의 아들이 하나님의 허락 없이 세상을 떠날 수가 있겠는가?

그러나 아직도 왜 하나님께서 그를 데려가셔야 했는지는 알 수가 없다. 한 가지 분명한 것은 하나님이 하신 일이라면 꼭 필요한 일이며 분명히 선한 일이라는 사실이다. 장차 하나님 앞에 가면 모든 이유가 밝혀질 것이다.

오랜 세월이 지난 후, 딸이 대학에 다니던 어느 날이었다. 주일 사역을 마치고 밤늦게 잠자리에 들어 막 잠이 들려고 할 때 제주도립병원 응급실에서 전화가 왔다. 딸이 제주도에서 교통사고를 당하여 신장이 파열되었으며 방금 응급실에서 수술을 마쳤다는 것이다. 뜬눈으로 밤을 새우고 아침 일찍이 첫 비행기로 제주에 도착하여 병원에 가보니 딸은 피투성이가 되어 병상에 누워있었다. 기가 막히는 일이었다.

서울의 급한 볼일 때문에 아내를 그곳에 남겨두고 다시 광주비행장에 돌아와 자동차를 운전하여 서울로 가던 때였다. 마침 밖에는 굵은 비가 내리고 있었는데 너무나 슬프고 울적하여서 통곡하며 하나님께 이런 기도를 드렸다.

"하나님, 아들은 일찍이 데려가시고 딸은 또 땅바닥에 메어치시고, 목회하라고 하시면서 이렇게까지 하시면 제가 어떻게 목회를 합니까?"

한참 동안 하나님을 원망하며 소리를 질렀지만, 하나님은 내 옆자리에서 가만히 듣고만 계시는 것 같았다. 감정이 누그러진 후에 다시 하나님께 기도했다.

"하나님, 죄송합니다."

그 딸은 건강이 회복되어 고맙게도 대학을 졸업하고 교단 신학교에 입학했다. 지금은 아빠의 뒤를 따라 목회자 수업을 마치고 목사안수를 앞두고 있다. 이곳에 이 일을 기술하는 것은 필자와 같이 어려운 일을 당한 동역자들에게 조금이라도 위로가 될까 해서이다.

3. 목회자의 물질 생활

목회자의 생활 수준은 신자들에게 관심의 대상이 된다. 목회자 가족의 옷이나 가구, 그 밖의 물질적인 씀씀이를 신자들은 주의 깊게 관찰한다. 어떤 선배 목사님이 목회자는 이래저래 판단을 받는다고 하면서 이런 말을 했다. 목회자가 부요하게 생활하면 사치한다고 하고 구차하게 생활하면 창피하다고 한다는 것이다. 그래서 목회자의 물질적인 삶의 수준은 신자들의 중간 정도가 좋다고 했다.

그러나 목회자가 생활 수준을 신자들과 무리하게 맞추려고 하기보다는 하나님 앞에서 언제나 검소하고 분수에 적당하게 생활하면 문제가 없을 것이라고 본다. 물질 문제는 하나님께서 필요한 만큼 채워주신다고 믿고 그에 합당하게 생활하면 좋을 것이다.

다만 목회자가 개인적으로 빚을 지는 문제는 좀 더 심각하게 고려해야 한다(롬 13:8). 개인적인 사정이 있겠지만 하나님께서 주시는 만큼만 쓰는 것이 원칙이라고 생각한다. 목회자에게는 많은 문제가 있는데 거기에다가 빚까지 있으면 신자들 앞에서 설교하고 행동하는 데 있어서 많은 제약이 따르지 않을 수가 없기 때문이다.

제4장

목회자의 사회 생활

　목회자는 교회 안에서 목회만 하는 사람이 아니다. 그에게는 다른 목회자와의 관계도 있고 지방회(노회)와 총회에 대한 책임도 있다. 그리고 그밖에 교회 연합 단체나 사회 단체에 참가하고 관여해야 할 때도 있다. 그러므로 목회자는 사회 생활에 대하여 일정한 원칙을 정하고 이에 따라 행동하는 것이 좋다.

1. 다른 목회자와의 관계

　목회자는 외딴 섬에서 혼자 목회하는 사람이 아니다. 그 주위에는 많은 목회자, 즉 동역자들이 존재한다. 그러므로 목회자는 이들과도 바른 관계를 맺으며 목회를 해야 한다. 목회자들은 주로 같은 지방회나 노회에 소속된 목회자들을 중심으로 관계를 맺는 일이 많다.

목회자의 교제는 여러 가지 면에서 유익하다. 목회의 정보를 나누며 같은 사례에 대하여 해결 방법을 배운다. 또 많은 위로도 받는다. 목회자에게는 신자들에게는 결코 말하지 못하는, 목회자끼리만 통하는 이야기도 많다. 목회자의 마음은 목회자가 가장 잘 알 수 있기 때문이다. 지방회나 노회를 중심으로 넓고 공식적인 교제를 한다면 또 그 안에 몇몇 친한 목회자들이 모여 더 깊은 사적인 교제를 형성하여 갈 수 있을 것이다.

간혹 다른 목회자들과 전혀 교제 없이 지내는 목회자도 있다. 목회자 모임에 전혀 나오지 않으며 교제도 나누지 않는다. 그렇게 하는 데는 나름대로 이유가 있었겠지만 그래도 그렇게 하는 일은 여러 가지 점에서 좋은 일은 아니라고 생각된다. 다른 목회자들과의 교제는 목회자의 정신 건강이나 목회 활동에 매우 유익하기 때문이다. 목회자가 자신의 동역자들과도 바른 관계를 맺지 못한다면 이 일은 결코 자연스러운 일이 아니다.

2. 교단 정치 참여

목회자가 교단 정치에 깊이 참여하기 시작하면 목회에 적지 않은 영향을 미치게 된다. 그 일은 많은 시간이 필요한 일인데 그렇지 않아도 시간이 부족한 목회자가 교단 정치를 하다 보면 그만큼 더 시간에 쫓길 수밖에 없다. 목회자의 마음 또한 여러 가지 일에 나누어지게 되어 정작 중요한 목회는 소홀히 할 수도 있게 된다. 물론 교단의 일도 누군가가 해야 하므로 무작정 거부할 수는 없겠지만, 불가피한 경우 최소한에 그치는 것이 좋을 것이다.

그리고 교단의 하부 기관인 지방회 혹은 노회의 일은 좀 다르다. 대부분 목회자는 때가 되면 지방회 임원을 거쳐 회장을 하고 그 후에도 지방회 내의 어떤 작은 역할을 맡게 된다. 이 일은 크게 부담이 되는 일도 아니고 목회자라면 누구나 감당할 수 있는 정도의 일이다. 더 중요한 것은 지방회의 일은 자신이 속한 지방회를 위한 의무적인 봉사로 봐야 한다. 그러므로 목회자가 목회를 핑계로 이런 일까지 거부해서는 안 된다고 본다.

3. 국내 정치 참여

목회자도 국민의 한 사람으로서 얼마든지 정치적인 견해를 가질 수 있다. 보수적일 수도 있고 진보적일 수도 있다. 문제는 교회에서 이러한 자신의 견해를 적극적으로 표시하거나 정치적인 활동에 직접 참여하는 일이다. 이렇게 되면 교회가 분열되거나 약화할 수밖에 없다. 교회 안에는 다양한 정치적인 견해를 가진 신자들이 존재하기 때문이다.

적지 않은 목회자들이 정치 조직에 참여하여 직접 활동하고 있는데 이런 목회자들은 목회자라기보다는 정치인이라고 봐야 할 사람들이다. 이런 목회자들은 자신의 정체성을 분명히 하는 것이 목회하는 교회와 자신을 위하여 더 좋으리라고 본다. 정치적인 목사들로 인하여 교회가 분열되고 사회적인 지탄의 대상이 되는 경우가 허다하기 때문이다.

제5장

목회자의 금기

목회자의 직책은 특별하다. 일반적으로 목회를 여러 가지 직업 가운데 하나로 분류할 수 있지만, 그렇게 생각하는 목회자는 한 사람도 없을 것이다. 이 직책은 하나님이 맡겨주신 성직이며 세상의 어떤 직업과도 비교할 수 없는 고귀한 직책이다. 그러므로 목회자에게는 특별히 해서는 안 될 일이 있을 수밖에 없다.

1. 신자에 대한 편애

목회자는 모든 신자를 공정하게 대하여야 한다. 신자들 가운데는 믿음이 좋고 성실하며 목회자에게 매우 친절하게 행동하는 사람이 있고 또 그렇지 못한 사람도 있다. 이런 경우에 목회자는 신자를 편애하기 쉽다. 그래서 다른 사람이 보기에도 표가 나고 구별이 될 수 있다. 그러나 목회자는 어떤 경우에도 조심하여 모든 신자를 공평하게 대하기 위하여 힘써야 한다(딤전 5:21).

대부분의 교회는 신자들의 경조사에 직계 존비속만 포함하고 있다. 신자의 부모나 자녀의 경조사에는 교회나 목사가 예를 하지만 그들의 형제자매에 대해서는 하지 않는다. 이렇게 하는 것이 합리적이라고 본다.

그런데 목회자를 정성으로 대해주는 신자의 형제자매가 사망했을 때에 어떻게 해야 하는가?

원칙대로 한다면 다른 신자들처럼 예를 하지 않는 것이다.

한번은 필자에게 이런 일이 있었다. 목회자를 정성으로 섬기는 신자 형제자매의 장례식이 있었다. 죽은 사람은 물론 필자의 교회에 나오지 않는 사람이며 얼굴도 모르는 사람이다. 또 장례식이 먼 곳에서 있어서 갈 수도 없었는데 장례식이 끝난 후 당사자가 매우 섭섭해하는 눈치였다. 나중에 이런 경우에 다른 목회자들은 어떻게 하는지 물었다. 여러 목회자가 교회를 통해서는 예를 하지 않지만, 개인적으로 따로 예를 표한다고 했다. 참고할 수 있는 사례이다.

2. 물질 문제

물질의 문제는 목회자가 아니라고 해도 누구에게나 문제가 되지 않는 사람이 없을 것이다. 기회가 없어서 그렇지 기회가 된다면 물질의 유혹에 넘어가는 사람들이 많을 것이다. 그래서 돈을 취급하는 은행이나 또 회사의 경리 부서에는 그런 유혹을 사전에 차단하는 장치를 마련하는 것이다.

목회자에게 있어서도 물질의 문제는 중요하다. 먼저 목회자는 교회 재정의 최종 관리자로서 물질적으로도 많은 재량권이 있다. 그러나 이 권리를 잘못 사용하면 교회 안에 불만이 생길 수가 있고 목회자의 비리가 되기도 한다. 실제로 물질 문제로 인하여 목회자가 교회 법정이나 사회 법정에 고발되는 사례도 적지 않다.

어쨌든 목회자에게 있어서 물질적인 문제는 치명적이다. 목회자가 돈을 좋아한다든지 교회의 재정을 잘못 사용했다든지 하는 말이 교회 안팎으로 들리게 되면 그의 목회는 큰 타격을 입게 된다. 이렇게 되면 교회를 사임하고 다른 교회로 옮기든지 아니면 목회 자체를 포기하는 일이 발생할 수도 있다. 그러므로 목회자는 교회 재정 관리에 있어서 항상 깨끗해야 하며 오해의 소지가 생기지 않도록 노력해야 한다.

목회자는 물질에 대하여 어느 정도 초월적이어야 한다. 영적인 문제를 다루는 사람이 물질적인 문제를 넘어서지 못한다면 그것은 모순이다. 물질적인 문제는 하나님께서 채워주실 것을 믿고 최소한으로 자족할 수 있어야 할 것이다(딤전 6:8). 필자의 경우에는 목회 초기에는 물질에 쪼들린다는 생각을 몇 번 한 적이 있지만, 그 후에는 그런 생각을 한 적이 없다. 모든 것에 풍족하였으며 부족함이 없었다고 고백하고 싶다.

3. 이성 문제

목회자에게 있어서 돈 문제보다 더 치명적인 문제는 이성 문제이다. 목회자는 대부분 남성이며 교회의 구성원들은 대부분 여성이다. 또 목회자가 상대하며 함께 일하는 대상들도 대부분 여성이다. 그러므로 남성 목회자가 여성 신자들을 많이 만나는 일은 불가피하다. 그런데 여기에서 주로 문제가 발생한다. 목회자는 항상 이성 문제에 빠지지 않도록 자기를 지켜야 하며 언제나 이성 문제에 대하여 방심해서는 안 된다(딤후 2:22). 평생 하나님의 도움을 구하고 평생 조심해야 할 일이다.

목회자의 스캔들은 누군가의 모함일 수도 있고 또 신자들의 오해로 인한 것일 수도 있다. 이때 목회자의 입장에서는 너무나 억울한 일이다. 그러나 실제로 목회자의 일탈이 발생하는 경우도 적지 않다. 한순간의 정욕을 절제하지 못해서 평생 돌이킬 수 없는 과오를 범하게 된다. 근거 없는 스캔들은 잠시 돌다가 사라지게 되지만 그렇지 않은 경우도 있다. 근거가 없는 말이라도 그것이 오래간다면 교회가 심한 손상을 입게 된다. 이럴 경우, 목회자는 억울하더라도 교회를 위하여 사임하는 것이 좋다고 본다.

실제로 서울 대형 교회의 어떤 목사님이 갑자기 사임했다. 들려오는 소문은 그 목사님이 교회의 어떤 권사님과 스캔들이 있었다는 것이다. 전혀 예상치 못했던 일이라 혼란스러웠는데 얼마 후 그 목사님과 친한 목사님을 통하여 내막을 알게 되었다. 실제는 소문과 달랐지만, 그 목사님은 교회의 평안을 위하여 사임하기로 하고 실행했다는 것이다. 하나님께서 다 아실 것이니 그렇게 억울해할 일도 아니다.

4. 사람에 대한 신뢰

목회는 사람을 상대하는 일이다. 사람을 가르치고 변화시키며 또 사람을 설득하고 권하여 선한 일에 참여하도록 하는 일이 목회이다. 목회자가 사람을 상대하여 일할 때 그중에는 매우 협조적이고 적극적인 신자들이 있다. 이때 목회자는 그 사람을 지나치게 신뢰하고 의지할 수가 있는데 그렇게 해서는 안 된다는 말이다.

신뢰한다는 말은 사람을 단순히 믿는다는 의미가 아니다. 목회자가 신자를 믿는 것은 잘못이 아니라 당연한 일이다. 신자에 대한 믿음이 없이 어떻게 목회 사역을 할 수 있겠는가. 그러나 여기에서 말하는 신뢰는 단순한 믿음을 넘어서서 그를 의지하는 것이다.

목회자가 사람을 신뢰하면 다음의 세 가지 문제가 발생하게 된다.

첫째, 목회자의 기도가 줄어들고 하나님을 의지하는 정도가 약해진다.

둘째, 목회자가 사람 앞에서 비굴하게 되고 사람의 눈치를 보게 된다.

셋째, 목회자가 결국 상처를 받고 낙심하고 실망하게 된다. 사람을 의지하는 만큼 낙심하게 되기 때문이다.

예수님께서는 자기를 따르는 많은 사람이 있었지만, 그들을 의지하지 않으셨다. 예수님은 사람의 마음을 다 아시기 때문에 사람을 의지하실 이유가 없었다. 예수님은 종려나무 가지를 손에 들고 예수님을 환영하던 사람들이 얼마 후에는 그 손에 돌을 들어 던질 수 있다는 사실을 아셨다.

유월절에 예수께서 예루살렘에 계시니 많은 사람이 그의 행하시는

> 표적을 보고 그의 이름을 믿었으나 예수는 그의 몸을 그들에게 의탁하지 아니하셨으니 이는 그가 친히 사람의 속에 있는 것을 아심이요 또 사람에 대하여 누구의 증언도 받으실 필요가 없었으니 이는 그가 친히 사람의 속에 있는 것을 아셨음이니라(요 2:23-25).

목회는 바른 인간 이해가 바탕이 되어야 한다. 목회자의 인간관은 그의 목회의 형태를 규정한다. 인간은 철저히 타락한 존재라는 인식이 목회자에게 필요하며 여기에서부터 목회가 출발해야 한다. 이런 목회자는 절대로 사람에 대하여 기대를 하거나 사람을 의지하지 않는다. 다음의 성경 구절은 의사이신 하나님께서 인간을 종합적으로 진단하신 진단서이다. 이 사실을 아는 목회자라면 결코 인간을 신뢰하는 일을 하지 않을 것이다.

> 기록된바 의인은 없나니 하나도 없으며 깨닫는 자도 없고 하나님을 찾는 자도 없고 다 치우쳐 함께 무익하게 되고 선을 행하는 자는 없나니 하나도 없도다 그들의 목구멍은 열린 무덤이요 그 혀로는 속임을 일삼으며 그 입술에는 독사의 독이 있고 그 입에는 저주와 악독이 가득하고 그 발은 피 흘리는 데 빠른지라 파멸과 고생이 그 길에 있어 평강의 길을 알지 못하였고 그들의 눈 앞에 하나님을 두려워함이 없느니라 함과 같으니라(롬 3:10-18).

제6장

목회의 방해자

바울은 자신의 목회와 전도사역에 많은 고통을 주고 방해를 했던 사람들에 대하여 다음과 같이 언급하고 있다.

아들 디모데야 내가 네게 이 교훈으로써 명하노니 전에 너를 지도한 예언을 따라 그것으로 선한 싸움을 싸우며 믿음과 착한 양심을 가지라 어떤 이들은 이 양심을 버렸고 그 믿음에 관하여는 파선하였느니라 그 가운데 후메내오와 알렉산더가 있으니 내가 사탄에게 내준 것은 그들로 훈계를 받아 신성을 모독하지 못하게 하려 함이라 (딤전 1:18-20).

구리 세공업자 알렉산더가 내게 해를 많이 입혔으매 주께서 그 행한 대로 그에게 갚으시리니 너도 그를 주의하라 그가 우리 말을 심히 대적하였느니라 (딤후 4:14-15).

> 아시아에 있는 모든 사람이 나를 버린 이 일을 네가 아나니 그 중에는 부겔로와 허모게네도 있느니라(딤후 1:15).

바울이 디모데에게 자신의 사역에 해를 준 사람들의 실명을 언급하는 것은 그들에 대한 증오심 때문은 아니었을 것이다. 바울은 그런 문제들은 넉넉히 감당할 수 있는 영적 거장이기 때문이다. 바울이 이러한 사람들에 대하여 언급하는 것은 디모데로 하여금 이런 사람들을 미리 조심할 뿐만 아니라 동일한 일을 만났을 때에 올바로 대처하기 위함이었을 것이다.

1. 교만한 자

필자의 목회 중에도 목회에 큰 타격과 고통을 주었던 사람들이 있었다. 목회 초기에는 그런 일이 없었지만, 교회를 개척한 이후에 이런 일을 여러 번 만나게 되었다. 지금도 그 이름을 잊지 못하는 사람이 여러 명 있다. 물론 지금은 그들에 대하여 증오하지는 않지만, 그들이 한 일에 대해서는 잊을 수가 없다.

이들은 주로 목회자의 특별한 직분이나 권위를 인정하지 않는 사람들이다. 그래서 본질에서 교회나 목회자를 존중하지 않으며, 교회를 자기 마음대로 해보려고 하는 공통점을 가지고 있으며, 사사건건 교회 일에 관여하려고 한다. 이 사람들에게 목회자는 목회의 전문가이며, 교회의 문제에 대하여 일반 신자들보다 10배, 20배 더 고민하고 기도한다고 말해줬으나 듣지 않았다. 그들은 교회를 나가기까지 목회자에게 엄청난 스트레스와 고통을 안겨주었다.

교회 개척 초기, 한번은 2층 상가를 얻어 칸막이 작업을 했다. 그 안에 예배당과 유아실 그리고 현관을 만들어야 했다. 하루 종일 치수를 재고 그림을 그리고 하면서 겨우 확정을 하고 다음 날 재료를 구입하여 신자 한 사람을 데리고 작업을 시작했다.

그런데 갑자기 한 신자가 나타나서는 이렇게 막아서는 안 된다고 주장했다. 목회자가 며칠 동안 심사숙고하여 결정한 일을 이 사람이 단 한 순간에 부인했다. 결국은 필자의 생각대로 작업하였고 그 공간을 오랫동안 매우 편리하게 활용할 수 있었다. 교회 안에는 이런 신자들이 의외로 많다.

2. 부적응자

교회 안에는 그 교회에 절대로 적응하기가 어려운 사람들이 있다. 그의 성격이나 성향이 그 교회에 맞지 않을 때, 교회가 그의 요구에 맞추어 줄 수는 없다. 그 사람 때문에 목회자가 목회 철학이나 원칙을 바꿀 수 없기 때문이다. 이런 사람들은 교회에 불평이 많고 다른 신자들에게도 좋지 않은 영향을 끼치게 된다.

이때 가장 좋은 방법은 그가 다니고 있는 교회를 떠나 다른 교회로 가는 것이다.

마을에 교회가 하나밖에 없다면 모르지만, 오늘날처럼 교회가 이렇게 많은 시대에는 얼마든지 자기의 성향에 맞는 교회를 찾아갈 수 있지 않겠는가?

그런데도 목회자가 이런 신자들을 교회에 잡아 두면 본인은 물론 교회 전체에도 이롭지 못한 결과가 된다. 그리고 이런 사람들은 대부분 다른 교회에서도 적응하기가 매우 어렵다. 왜냐하면, 자신을 교회에 맞추려고 하지 않고 교회가 자신에게 맞추라고 주장하는 사람들은 어느 교회에 가든지 그 교회가 마음에 들 수 없기 때문이다. 이런 사람들을 위하여 교회는 마음대로 들어올 수도 있지만, 또 마음대로 교회를 떠날 수도 있도록 해주어야 한다. 그래야만 교회가 평안할 수 있다.

필자는 새 신자가 등록하면 우리 교회의 특징을 말해준다. 이런 점을 적응할 수 없다면 우리교회가 맞지 않을 수 있다고 교회 선택을 신중하게 하도록 한다. 그 결과 현재의 신자들은 필자의 목회 방침이나 교회의 특징을 좋아하고 따르는 사람들이다. 그렇게 함으로써 교회가 분열되지 않고 언제나 한 마음으로 즐겁게 교회 생활을 누리고 있다.

3. 불신자

목회자는 안 믿는 사람들로부터 까닭 없이 미움을 받는 일이 많다. 마치 교회가 자신에게 빚진 것이라도 있는 것처럼 행동하는 불신자들이 적지 않다. 그들은 말도 안 되는 부당한 행동을 하면서도 교회는 마치 당연히 그런 것을 감수해야 하는 것처럼 당당하며 교회는 자신들을 언제나 저자세로 대하여야 한다고 주장한다.

그리고 특히 아내나 자녀들만 교회에 출석하고 자신은 교회에 나오지 않는 경우, 남편들은 교회에 대하여 자신이 피해를 보고 있다고 생각한다. 일요일의 일정에 제약을 받고 또 자기가 번 물질을 자신의 가족들이 교회에 바친다고 생각하기 때문이다. 특별히 주일에 남편들이 아내와 함께 놀러 가거나 다른 모임에 가야 할 때 아내가 말을 듣지 않으면 남편들은 목회자를 대놓고 비방한다.

특별히 필자의 교회에서 그런 일이 더욱 심하다고 생각되었는데 우연한 기회에 그 이유를 알게 되었다. 안 믿는 남편이 아내에게 주일에 한 번만 놀러 가자고 하면서 어느 교회 장로도 함께 가고, 어느 교회 집사도 함께 간다고 말하면, 아내가 "우리 교회는 안 된다" 혹은 "우리 목사님은 허락하지 않는다"라고 대답을 한다는 것이다.

이렇게 아내들이 자기의 신앙을 말하지 않고 교회에 핑계를 대고 목회자에게 핑계를 대기 때문에 "이상한 교회" 혹은 "이상한 목사"라는 말을 듣게 되었고 또 쓸데없는 미움을 받게 되었다.

어떤 무례한 남편은 전화를 걸어 필자에게 욕설을 퍼붓기도 하고 또 교회에 찾아와 항의하는 일도 있었다. 그 원인을 알게 된 후에는 절대로 교회나 목회자 핑계를 대지 말고 언제나 자기의 믿음대로 말하라고 일러주었다. 우리 교회는 주일 성수가 문제가 되고, 다른 교회는 주일 성수가 문제가 안 된다면 그것은 같은 기독교가 아닐 것이다.

농촌교회에서 있었던 일이다. 교회에 출석하지 않는 어떤 여자 집사님의 남편이 있었다. 이 사람은 부부싸움만 하면 술을 마시고는 낫을 들고 교회로 와서 교회 대문에 낫을 찍어 걸어 놓고는 전도사를 불렀다. 왜 자기의 아내를 이런 식으로 교육하느냐는 항의였다. 그를 달래서 집으로 돌려보내는 일은 그렇게 쉬운 일이 아니었다.

제4부

미래 목회에 대한 전망

제1장 미래 사회의 특징
제2장 미래 교회의 모습
제3장 미래 목회 대안
제4장 마지막 소망

제4부

미래 목회에 대한 전망

오늘날 우리는 4차 산업혁명이라는 말을 심심치 않게 듣는다. 4차 산업혁명은 한마디로 인공지능의 시대로 들어가는 관문이다. 머지않아 인공지능을 장착한 자율 주행 자동차가 사람을 목적지까지 태워다 주고, 집에서 물건을 주문하면 드론이 날아와서 그 물건을 배달해 준다. 인공지능을 장착한 가전제품은 빨래를 세탁기에 넣으면 그것을 세탁하고 말리고 다림질까지 해서 옷장에 차곡차곡 보관해 준다. 또 로봇이 청소를 대신해 주며 로봇이 조리를 해주고 로봇이 육아까지 도와준다.

이러한 시대에 교회는 어떤 모습이 될 것이며 또 목회자는 어떻게 목회를 해야 할 것인가를 전망해 본다.

제1장

미래 사회의 특징

미래 사회가 어떤 모습이 될 것인지는 사실 아무도 알지 못한다. 시대가 너무나 빨리 발전하고 변화하기 때문에 이에 대한 예측은 매우 어렵다. 그러므로 본 장의 내용은 아무도 장담할 수 없는 것이며 다만 현재의 입장에서 미래를 한번 조심스럽게 내다보는 것뿐이다. 그냥 참고 했으면 한다.

1. 인간 수명의 연장과 고령사회

미래 사회는 많은 신약의 개발과 의술의 발달로 인하여 인간 수명이 지금보다 훨씬 더 연장될 것이다. 자동차의 부품을 갈아 끼우듯이 인간의 장기를 갈아 끼우는 시대가 될 것이다. 신생아는 점점 줄어들고 인간의 수명이 늘어남에 따라 노인층이 많이 증가하여 심각한 고령사회가 될 것으로 보인다.

　많은 노인이 애완견보다도 못한, 감성이 없는 로봇의 돌봄을 받으며 지내게 될 것이고 노년의 삶은 더욱 삭막하고 메마르게 될 것이다. 수명은 연장되었으나 삶은 즐겁지 않기 때문에 노인 자살자들이 증가할 것으로 보인다. 인간의 수명은 늘었지만 늘어난 삶은 절대 행복하지 않은 구차하고 고통스러운 삶이 될 것이다. 미래 사회는 노인 문제가 가장 큰 사회 문제가 될 것이다.

2. 일자리 감소와 빈부격차의 심화

　미래 사회는 자동화 사회이다. 공장에서는 사람이 아니라 로봇이 일하게 되며 많은 일자리가 사라지게 될 것이다. 물론 로봇을 만드는 산업은 발달하고 확장되겠지만, 이 또한 생산은 로봇이 하고 그것을 개발하는 데만 고급 인력이 필요하게 될 것으로 보인다.

　세계 경제포럼에서는 앞으로 5년 후까지 510만 개의 일자리가 없어질 것으로 예측한다. 미래학자들은 일자리가 없어질 고위험군으로 법률 분야 종사자, 회계사, 텔레마케터, 운전기사, 부동산중개인, 계산원, 제조업, 공장 근로자 등을 들고 있고 저위험군으로는 치과의사, 간호사, 과학자, 예술가, 헬스트레이너, 초등학교 교사, 레크리에이션 강사, 소방관, 성직자 등이다. 그리고 로봇으로 대체할 수 없는 직업으로는 판사, 국회의원, 심리치료사, 정신과 의사, 발명가 등을 든다.

미래 사회에서는 극히 일부의 사람이 부를 독점하게 될 것인데 이는 로봇으로 대체할 수 없는 직업에 종사하는 사람들이 될 것이다. 따라서 많은 사람이 빈곤층이 될 것이고 국가의 지원을 받아야만 살 수 있는 사람들이 증가할 것이다.

3. 근무시간 감소와 휴가 기간의 연장

일자리가 줄어들고 로봇이 사람들을 대신하여 일해줌으로써 사람들이 직접 일하는 시간은 극감할 것으로 보인다. 직장마다 의무적으로 긴 휴가를 가게 할 것이고 따라서 관광 산업이 발전하게 될 것이다. 부자들은 긴 휴가를 위하여 돈을 많이 지불하며 즐겁게 보낼 수 있지만, 더 많은 사람은 오히려 지루한 휴가가 될 수도 있을 것이다.

부자들이 세계 곳곳의 명소들을 찾아다니며 즐길 때 가난한 사람들은 집에서 게임이나 즐기고 있을지도 모른다. 그리고 게임은 대부분 폭력적이고 자극적인 것이기 때문에 사람들의 인성은 더욱 삭막하게 될 것이다.

4. 창의적인 노력의 감소

사람들이 자신의 발전과 성장을 위하여 노력하지 않게 되리라고 본다. 왜냐하면, 사람이 아무리 노력해도 기계를 따라갈 수가 없기 때문이다. '로봇 의사'에게 프로그램을 설치하면 의사가 직접 수술을 하는 것보다 훨씬 더 좋은 수술을 할 것이다. 로봇 교사에게 프로그램을 주입하면 선생이 수업하는 것보다 훨씬 더 치밀하고 안정적으로 교육할 수 있을 것이다. 그래서 극소수의 사람을 제외한 대부분 사람은 창의적인 일보다는 즐기고 노는 일에 더 집중하게 될 것이다.

5. 개인주의의 심화

미래 사회는 각 분야에서 권위가 사라지게 될 것이다. 로봇이 선생을 대신함으로 선생의 권위가 사라지고, 로봇이 부모가 할 일을 대신함으로 부모의 권위가 사라지게 되며, 이런 현상은 모든 분야에서 나타나게 될 것이다. 사람들이 규칙과 질서를 외면하며 각자 자신이 좋아하는 것만 하려고 할 것이다. 누가 뭐라고 해도 자신에게 도움이 되지 않는 일은 기피하게 될 것이다

제2장

미래 교회의 모습

앞 장에서와 같이 변화된 사회 속에서 교회도 많은 변화를 겪을 것이다. 교회의 변화는 현재의 연장선 위에 있으나 다만 그 변화의 속도는 더욱 가속되리라고 본다.

1. 노인 중심의 교회

현재도 많은 교회가 역삼각형의 나이 틀을 가지고 있다. 대부분이 노인 신자들이고 젊은 층으로 내려올수록 그 수가 감소하고 있다. 교회의 역사가 길수록 노인의 비율은 더욱 증가하며 어떤 교회는 교인의 3분의 1이 70대 이상의 고령자이다.

어린이나 청소년들의 교회 출석은 점점 더 감소하고 있다. 초등학교 시절에는 부모를 따라 교회에 나오던 아이들도 고학년이 되면 학원이나 개인 교습 때문에 교회에 빠지는 일이 많고 중학생 고등학생이 되면 이러한 현상은 더욱 심화한다. 그러다가 대학생이 되면 교회를 완전히 떠나는 일이 많다.

따라서 장래에는 교회 안의 노인층의 숫자가 더욱 증가하게 될 것이다. 그 이유는 출산율은 떨어지고 사람의 수명은 늘어나기 때문이기도 하지만 노인들은 갈 곳이 없고 또 소외된 형편에 있으므로 노인들이 교회를 찾아 나오게 되는 일은 쉽게 예측할 수 있다. 노인 문제는 국가적인 문제만 아니라 교회의 문제도 될 것이다.

2. 가난한 교회

현재의 교회는 어느 정도 규모만 되면 재정적으로 그렇게 쪼들리지 않는다. 가장 기본적인 교회의 운영, 즉 건물 관리를 위한 비용과 목회자의 사례비를 해결하는 데 있어서 그렇게 어렵지는 않다는 말이다. 물론 이 외에 선교나 봉사를 위한 일은 참여도에 따라 재정적인 수요가 달라질 것이다.

그러나 미래 교회는 기본적인 경비를 지출하는 일도 버거운 상태가 될 것이고 수많은 교회가 재정난에 시달리게 될 것이다. 예배당의 운영도 감당할 수 없는 상태가 되어 문을 닫는 교회가 생겨날 것이고 살아남은 교회도 선교나 봉사를 위하여 재정적인 부담을 질 수 있는 교회가 많지 않을 것이다. 그 이유는 수입이 많은 사람이나 젊은 층의 교회 출석이 줄어들고 수입이 없는 노인층이 교회를 채우게 되기 때문이다.

3. 소규모 교회

　미래 사회에는 현재와 같은 대형 교회가 매우 희소하게 되리라고 본다. 유럽의 대형교회처럼 신자가 감소하여 큰 예배당이 텅텅 비게 되고 예배당을 관리하는 문제도 짐이 될 것이다. 결국, 큰 교회 건물은 매매되고 규모가 작은 교회들이 주류를 이루게 될 것이다.
　그나마 예배에 출석하는 신자는 더 줄어서 인터넷 예배와 같은 기형적인 예배가 유행하게 될 것이다. 사람들은 시간을 맞추어 교회에 나오는 일을 힘들어 하고 귀찮게 생각하게 되며 또 설교를 듣는 일을 예배를 드리는 일과 동일하게 생각함으로써 교회에 나오지 않고 집에서 소파에 앉아 편안하게 설교를 감상하면서도 예배를 드린다고 생각하게 될 것이다.
　그리고 카페 교회나 요양원 교회와 같은 특수한 형태의 교회가 증가하리라고 본다. 부담 없이 가볍게 출석하는 교회, 잠시 몸을 담았다가 언제든지 떠날 수 있는 교회가 많아질 것이다. 요양원에는 많은 노인이 머물러 있으므로 그런 곳에 교회가 많이 생겨날 것으로 보인다.

제3장

미래 목회 대안

요즈음 교회에서 유행하는 말 가운데 "가나안 신자"라는 말이 있다. 가나안을 거꾸로 하면 "안나가"가 되는데 가나안 신자라는 말은 신자는 신자인데 교회에 출석하지 않는 신자라는 의미이다. 통계에 의하면 지난 2012년에 가나안 신자가 전체 교인의 10.5%였으나 5년 후인 2017년에는 가나안 신자가 23.3%로 늘어났다. 우리나라의 기독교 인구를 대략 1,000만 명으로 본다면 가나안 신자가 5년 사이에 130만 명 가까이 늘어나서 현재는 230만 명 정도 된다는 말이다.

미래 사회에는 가나안 신자가 급속도로 증가하게 될 전망이다. 목회자가 신자와 일대일로 관계를 맺지 않으면 그 신자가 정기적으로 교회에 출석하는 일은 매우 어려워질 것이다. 이렇게 하려면 한 사람의 목회자가 지도할 수 있는 신자의 수는 매우 제한될 것이다.

1. 성찬이 있는 예배

현재와 같은 예배로는 신자가 교회에 꼭 나와야 한다는 이유를 찾기가 힘들다. 설교를 듣는 일이 예배의 핵심이라면 이런 일은 교회에 나오지 않고 집이나 직장에서도 얼마든지 가능하며, 신자들은 편리한 시간에 되도록 편히 누워서 설교 듣기를 원할 것이다. 현재의 예배는 과연 모든 순서가 교회에 나오지 않고서도 얼마든지 가능하다. 집에서 찬송도 부를 수 있고 기도도 할 수 있으며 온라인으로 헌금을 드릴 수도 있다.

그러나 한 가지 불가능한 일은 성찬에 참여하는 일이다. 성찬의 떡과 잔은 시간에 맞추어 택배로 보낼 수도 없는 일이고 다른 신자가 배달할 수도 없다. 교회의 예배에 직접 나와서 참석하지 않고는 성찬이 불가능하다.

목회자의 직무에서도 언급했지만, 성찬은 설교와 함께 예배의 두 기둥 가운데 하나이다. 그런데 미래 사회에서는 성찬의 역할이 더욱 확연해진다. 목회자는 예배의 의식을 강화하며 예배에서 성찬이 차지하는 자리를 강조해야 한다. 그래야만 교회에 나오지 않고도 드릴 수 있는 예배를 합리화할 수 없게 된다.

2. 신자의 정예화

다가올 사회는 믿음이 약한 사람은 대부분 교회에 출석하지 않을 것이다. 현재는 그래도 사업이나 정치를 위하여, 아니면 교제를 위하여 믿음이 없으면서도 교회에 출석하는 사람들이 적지 않지만, 앞으로는 이러한 인원이 급격하게 줄어들 것이라고 본다. 이제는 자신이 원하는 것을 교회 밖에서도 얼마든지 얻을 수 있을 것이기 때문이다.

미래 사회는 교회에 출석하는 신자들이 현재 수도원에 가서 수도하는 사람만큼 희귀해질 것이며 사람들은 보통 신자를 매우 특별한 광신도처럼 취급하게 될지도 모른다. 따라서 그 무리에 가담하는 일을 매우 부담스럽게 생각하고 기피하게 될 것이다. 그러므로 목회자는 신자들을 정예화하지 않으면 안 된다. 목회자가 신자 한 사람 한 사람을 철저하게 교육하고 훈련하지 않으면 그들이 신앙을 유지하는 일이 불가능할 수 있을 것이다.

필자는 처음 교회를 개척하면서 지금보다도 훨씬 더 작은 교회를 생각했다. 30여 명 정도의 교회로서 철저히 교육하고 무장하여 일당백의 신자들을 만들겠다는 각오를 했었다. 앞으로의 교회는 정말 이와 같은 각오로 목회를 하지 않으면 신자들을 바로 양육하며 교회를 유지하는 일이 매우 어렵게 될 것이다.

3. 영적 교제의 심화

미래 목회는 신자와 목회자의 관계도 중요하지만, 또 신자와 신자 사이의 관계도 중요하다. 신자 간의 끈끈한 관계가 없이는 교회 출석의 동기가 매우 약화할 수 있다. 물론 하나님과의 관계를 전제로 목회자와의 관계와 신자들과의 관계가 조성되어야 하지만 특별히 신자들이 하나님의 자녀라는 정체성을 가지고 서로 사랑하며 봉사하는 관계를 만들어 주지 않으면 안 된다.

4차 산업혁명 시대의 목회자는 전문화되어야 하며 철저히 헌신하며 목회에 자신의 목숨을 걸어야 한다. 그러나 이 시대는 그렇게 길지는 않을 것이다. 모든 것이 끝을 향하여 급속하게 달려가고 있기 때문이다. 인간들의 교만한 손이 하나님이 창조하신 생명에까지 미치는 시대이기 때문이다.

제4장

마지막 소망

미래 사회를 너무나 어둡고 희망이 없는 사회로 전망한 것처럼 보이지만 이것은 어디까지나 외형적인 모습이다. 내적으로 볼 때는 반대로 깊이 있고 성숙한 믿음을 가진 신자들이 신앙의 맥을 이어가고 교회를 사수하는 역할을 감당하게 될 것이다. 영적인 세계는 점점 어두워지는 것도 아니고 점점 밝아지는 것도 아니다. 정확하게 말하면 한쪽은 점점 어두워지고 한쪽은 점점 밝아지는 세계이다. 빛과 어두움이 서로 교차하는 것이다. 잠언에 이런 말씀이 있다.

> 의인의 길은 돋는 햇살 같아서 크게 빛나 한낮의 광명에 이르거니와 악인의 길은 어둠과 같아서 그가 걸려 넘어져도 그것이 무엇인지 깨닫지 못하느니라(잠 4:18-19).

우리의 최대의 영광은 살아서 주님을 만나는 일이다.

이 세상에서 죽기 전에 오시는 주님을 만날 수 있다면 얼마나 좋겠는가?

그러나 그렇지 않다고 해도 우리는 끝까지 주님의 날을 소망하며 충성하여서 주님이 다시 오시는 날 영광의 면류관을 받는 자가 되어야 한다.

네가 죽도록 충성하라 그리하면 내가 생명의 면류관을 네게 주리라 (계 2:10).

마지막으로 이런 이야기를 들려주며 이 책을 마치려고 한다. 미국의 어떤 선교사 부부가 일생을 바쳐 아프리카에서 일하다가 은퇴를 하고 고국에 돌아왔다. 뉴욕항구에 도착하자마자 군악대가 연주하고 많은 군중이 부두에서 환호성을 지르며 누군가를 환영했다.

'혹시 우리를 환영하는 소리가 아닌가?'

이러한 생각을 하면서 자세히 소리를 들어봤더니 사람들은 '린드버그'의 이름을 부르는 것이었다. 린드버그는 단발 비행기를 타고 최초로 대서양을 횡단한 미국의 비행사이다.

그러나 보따리 몇 개를 들고 항구에 내린 그 선교사 부부를 알아주거나 환영해 주는 사람은 아무도 없었다. 한 싸구려 여관에 짐을 푼 이들은 너무 외롭고 쓸쓸해서 엎드려 이런 기도를 드렸다.

하나님, 저 린드버그는 비행기를 타고 바다 한번 건너왔다고 사람들이 저렇게 환영을 하는데, 일생 아프리카에서 선교하고 고향에 돌아온 저희는 아무도 맞이해 주는 사람이 없습니다.

그리고는 너무 슬퍼서 흐느껴 울었다. 그때 하나님께서 마음속에 이렇게 말씀하셨다고 한다.

애들아 울지 마라.
저 린드버그는 자기 고향에 돌아왔으니까 고향 사람들이 환영하는 것이 당연하지 않으냐?
그러나 너희들의 고향은 그곳 뉴욕이 아니라 여기 천국이다. 너희들이 고향에 올 때는 천군 천사가 다 나가서 너희를 영접할 것이고 나도 직접 너희들을 영접하고 내 품에 안아줄 것이다.

이 말씀을 들은 선교사 부부는 크게 위로를 받았다고 한다.
우리는 장차 주님을 어떻게 맞이하겠는가?
무엇을 하다가 주님을 만나겠는가?
우리가 주님을 위하여 힘쓴 모든 수고를 주님이 다 기억해 주시고 보상해 주실 것이다.

> 그러므로 내 사랑하는 형제들아 견실하며 흔들리지 말고 항상 주의 일에 더욱 힘쓰는 자들이 되라 이는 너희 수고가 주 안에서 헛되지 않은 줄 앎이라(고전 15:58).

필자는 목회를 하는 동안 신자들에게 너무나 과분한 대접을 받았다. 그 정도의 대접을 받을 만한 목회를 하지 못했지만 말이다. 너무나 부족한 것이 많고 너무나 부끄러운 것이 많은 사람이다. 그런데도 하나님께서 나를 너무나 너그럽게 대해주셨다. 정말 하나님 앞에 유구무언일 수밖에 없다.

필자는 전에 이런 생각을 한 적이 있다.

'내가 천국에 가면 예수님께서 나에게 면류관을 주실 터인데 나는 그 면류관을 절대 쓰지 않을 것이다. 주님이 나를 구원하여 주신 것만도 감당할 수 없는 은혜인데 내가 무슨 체면으로 면류관까지 받아 쓸 수 있겠는가?'

천국의 24 장로들처럼 면류관을 주님께 다시 돌려드리겠다고 생각했다(계 4:10). 그러나 지금은 그렇게 생각하지 않는다. 면류관을 주시면 받아 쓰고 흰옷을 주시면 받아 입을 것이다. 왜냐하면, 어차피 은혜로 받는 구원인데 무슨 체면이 있겠으며 또 이렇게 하는 것을 예수님이 더 좋아하실 것 같아서다. 그래서 뭐든지 주시는 대로 다 받을 것이다. 그리고는 주님을 껴안고 하염없이 눈물을 흘리며 울 것 같다.

보라 내가 속히 오리니 내가 줄 상이 네게 있어 각 사람에게 그가 행한 대로 갚아 주리라(계 22:12).

아멘 주 예수여 오시옵소서(계 22:20).

참고 문헌

강근호. 『기독교 신앙클리닉』. 서울: 기독교문서선교회, 2009.

_____. 『기독교란 무엇인가?』. 용인: 킹덤북스, 2017.

_____. 『간추린 성령론』. 서울: 기독교문서선교회, 2018.

김상모. 『목사는 마네킹인가』. 서울: 쿰란출판사, 1992.

김상복. 『목회자의 리더십』. 서울: 도서출판엠마오, 1991.

김종철. 『목사님의 구두 뒤축』. 서울: 베들레헴, 1990.

정성구. 『실천신학개론』. 서울: 총신대학출판부, 1980.

한국교회문제연구소 편. 『목회자와 평신도』. 서울: 도서출판 풍만, 1988.

Adams, Jay E. 『성공적인 목회사역』. 정삼지 역. 서울: 기독교문서선교회, 1982.

Bloesch, Donald G. 『목회와 신학』. 오성춘, 최건호 역. 서울: 대한예수교장로회총회출판국, 1992.

Bratcher, Edward B. 『초능력 목회자 신드롬』. 신서균 역. 서울: 기독교문서선교회, 1995.

Bucar, Martin. 『참된 목회학』. 최윤배 역. 용인: 킹덤북스, 2017.

Callahan, Kennon L. 『성숙한 교회의 12가지 열쇠』. 권오서 역. 서울: 도서출판 풍만, 1987.

Exley, Richard & Galli, Mark & Ortberg, John. 『유혹을 이기는 목회자』. 장미숙 역. 서울: 도서출판 은성, 1995.

Hiltner, Seward. 『목회신학원론』. 민경배 역. 서울: 대한기독교서회, 1994.

Hughes, Kent & Hughes, Barbara. 『성공병으로부터 자유로운 목회』. 신서균 역. 서울: 기독교문서선교회, 1993.

Jefferson, Charles E. 『이런 목회자가 교회를 성장시킵니다』. 김점옥 역. 서울: 엘멘출판사, 1997.

Johnson, Ben C. 『목회영성』. 백상렬 역. 서울: 도서출판 진흥, 1995.

LaHaye, Tim. 『목회자가 타락하면』. 황승균 역. 서울: 도서출판 생명의 샘, 1992.

Laniak, Timothy. 『양을 돌보는 참목자』. 김재성 역. 용인: 킹덤북스, 2016.

Linn, Jan G. 『목사님, 우리 마음 좀 알아주세요』. 이수부 역. 서울: 한들출판사, 2002.

Lutzer, Erwin W. 『목사가 목사에게』. 유재성 역. 서울: 나침판사, 1989.

Martin E. 외 7인. 『교회내 병적 요소를 치료합시다』. 배응준 역. 서울: 나침판사, 1996.

Oates, Wayne E. 『기독교 목회학』. 서울: 생명의말씀사, 1992.

Oden, Thomas C. 『목회신학』. 오성춘 역. 서울: 한국장로교출판사, 1996.

Rush, Myron D. 『새로운 지도자상』. 조성훈 역. 서울: 나침판사, 1991.

Segler, Franklin M. 『목회학개론』. 이정희 역. 서울: 요단출판사, 1977.

Sugden, Howard F. & Wiersbe, Warren W. 『목회자 지침서』. 조천영 역. 서울: 도서출판 나침판사, 1984.

Thurneysen, Eduard. 『목회학 원론』. 박근원 역. 서울: 성서교재간행사, 1979.

Webster, Douglas D. 『기업을 닮아가는 교회』. 오현미 역. 서울: 기독교문사, 1995,

Wiersbe, Warren W. & Wiersbe, David W. 『건강한 사역자입니까』. 김모루 역. 서울: 도서출판 디모데, 1998.

Wrightsman, Bruce. 『교회의 의미와 사명』. 김득중 역. 서울: 컨콜디아사, 1981.